# はれやか 収納マップ®

川島マリ 著

新建新聞社

# 片付けに困らない家を
# 日本中に増やしたい！

　はじめまして。住宅収納スペシャリストの川島マリと申します。整理収納・片付けのプロとして活動をしています。なかでも、「住宅」の「収納」はどうすれば使い勝手がよくなるのかということを、つくり手（建てる側）と住まい手（住む側）にお伝えすることに力を注いでいます。家は長い時間を過ごすとっておきの場所なので、人生をつくると言っても過言ではありません。

　本書は、整理整頓の方法や片付け方の紹介ではありません。家づくりやリフォームの時に間取りまで含めて考える「毎日をはれやかな暮らせる収納」の指南書です。家族みんなが気持ちよく暮らせる収納づくりのコツ、考え方、その理由など、読み進めて書き込みながら気づけるようになっています。

　例えば…朝起きたとき最初に目にする部屋の中を想像してみてください。

　朝日のあたるスッキリとした空間と、ごちゃごちゃとモノに囲まれた埃っぽい空間。どちらの部屋の目覚めが、より"はれやか"な気持ちで一日をスタートできるでしょう。

多くの人がスッキリとした空間を選ぶと思いますが、二部屋の違いは、モノが収納場所に全て収まっているか、出たままになっているかというだけです。同じ家、同じ人でも、朝からのやる気も変わってくるはず。毎日生活する場所だからこそ、そこに暮らす人たちにとって使いやすいと思える収納が必要です。

　私は子どもの頃から部屋の片付けや収納が大好きだったので、家が変わるたび収納にこだわってきました。20年前に建てた自宅は間取りやデザインなどにはそれほど凝っていない２階建て住宅ですが、収納と家事動線のよさはとても気に入っています。

　家を建てて10年後に整理収納コンサルティングの仕事を始め、お客様の家に足を踏み入れるたび、こだわって建てたはずの素敵な家が片付いていない状態を見て「なぜ…」と疑問に思うようになりました。

片付けられない理由として、片付けが苦手という性格的な問題もありますが、実は片付けにくい間取りや動線など建物の問題が大きいのです。誰もが「収納はできるだけ大きくしたい」と考えるので、リフォームや建て替えの際に収納のスペースを増やしがちですが、スペースを増やすだけでは、どれだけ広いスペースがあったとしてもたちまちモノがあふれ、いくら片付けてもリバウンドしてしまうという不思議な現象が起こります。私が「住宅」と「収納」について考え始めたのはこれがきっかけでした。

　家づくりは、予算、性能、設備と決めることが多いため、収納は自分から詳細に希望を伝えないと標準的な仕様になりがちです。ちょっとしたこと、例えば棚板の奥行きが変わるだけで使いやすさ、収納のしやすさは全く変わります。また、人によって行動パターンの違いがあるので生活動線も変わってきます。家をつくる際、早い段階から設計側に要望を伝えることが大切なのです。

　使い勝手のいい収納は、つくり手（建てる側）と住まい手（住む側）が一緒に考えて設計していかなければ完成しません。家づくりやリフォームをしようと決めたら、まずは現時点での自宅を基準に、モノと収納について考えることから始めてみましょう。

　簡単に自分でできることを紹介しますので、ぜひ実践してみてください。片付けのプロとしての知識と私の家を建てた時の経験から、お役に立てたらと思います。

　最近はモノが少ないほうがいいと無理に手放す人もいますが、モノを生かす収納を考えることも、自分らしく暮らす家づくりの楽しみです。

　何年経ってもずっと快適に暮らせる『わが家らしい収納』のある家を完成させましょう。

もくじ

第1章

# 収納を考えると、
# 人生が変わる

引越しや家づくりを機に、「新居はモノが散らからないスッキリした空間にしたい！」とまず考えるのは「モノをしまえる収納を増やそう」ではないでしょうか。でも、やみくもに収納を増やすだけでは、結局は使いづらく片づかない家になります。

収納はモノをしまう場所ですが、その場所づくりが後の人生を変えるほどの力をもっているのです。そんな大げさな、と思われる人も多いでしょうけれど、おつきあいくださいね（笑）。

この章では、あまり考えずに収納場所だけをつくったケース、家づくりの時に家族で話し合って「収納マップ®」づくりに取り組んだケースでその後の人生がどう変わったのか、ある家族を例に具体的に紹介します。

## 「収納マップ®」が暮らしの大きな分岐点に

子どもが生まれ、結婚当初より荷物も増えたことから、新築の注文住宅を考えている一家の例を見てみましょう。

**妻** ｜ 育休中。シーズンごとに洋服を買うので気づいたらクローゼットがいっぱいに。片付けは苦手。

**夫** ｜ モノを捨てたくないタイプ。使わなくなったモノはあとで売るつもりなので、商品は箱も保存。新築の収納計画は妻に任せる予定。

新築の収納計画を任され、奮起して家づくりの勉強を始めた奥さん。

このあと、**深く考えず収納場所だけ決めて家づくりを進めたケースA**と、**家族一緒に「収納マップ®」に取り組んだケースB**の２つのケースの違いを紹介します。

それぞれ、家を建てた後にどういう未来が待ち受けているのでしょうか？

# 1 │ モノの量と収納

## A モノがあふれている部屋でくつろぐ夫

　調べるといろいろな収納がありました。その中から、パントリー、ウォークインクローゼット、シューズクローゼット、納戸があれば便利そうだと思ったので、新居にはこの4つをつくりたいと要望しました。

　家が建ち、いよいよ引っ越し。生まれたばかりの子どもがいて時間も余裕もないので荷造りから業者にお任せし、育休中にゆっくり片付けることに。ウォークインクローゼットに洋服を入れ、キッチンにあったモノはパントリーに入れ、夫が売る予定の本や箱、置く場所が決まらないモノは、とりあえず納戸と子供部屋にダンボール箱ごと置きました。

　なかなか片付けが進まないまま育休が終わり、数年経ちました。私は家で仕事をするようになり、リビングにはモノが散乱しています。私の仕事の書類に加え、保育園から帰った子どもが遊ぶおもちゃや、着替えなど、モノだらけ。家づくりで間取りの相談をしていた時、リビングは空間を広く使いたいと思い収納を一つもつくらなかったので、片付ける場所もなく、モノは出しっぱなしになります。

　モノだらけの部屋でくつろいでいる夫の姿を見ると、新しい家なのにとストレスが溜まります。

## B 居心地のいい部屋でおうち時間を楽しむ家族

　収納プランづくりは家族で取り組むことが大切と知り、夫と話し合いました。「スッキリした家を完成させよう！」とテーマを決めて、お互いに溜まっていた本や洋服を処分しました。それまで使っていた収納の中も、開けてみると持っていることすら忘れていた使わないモノだらけでした。

　打合せの時、設計士さんから提案された間取り上で家族の動線とモノの置き場

所をシミュレーションして収まることが確認できたので、安心して家の完成を待つことができました。

　引っ越し当日は、収納計画通り引っ越し業者に荷物を運んでもらい、手伝いに来てもらった母のいる3日間で荷解きが完了。生活しながらもっと便利なところへ移動させたモノもありましたが、グループごとに分けているので収納が崩れることもありません。

　家で仕事をすることが増えましたが、リビングで仕事をしても、家族のモノはいつも片付いているので、気が散らずに集中できます。夫も子どもも使ったモノはその場で片付ける習慣がついたようで、口うるさく注意しなくてもいつの間にかしまわれています。

　すっきりとしたリビングで心地よく過ごせる理想の家が完成したと思っています。

**解説** - - - - - - - - - - - - - - - - - - - - - - - - - - - - - - - - - - - - - - - - - - - - - - - - - - - -

　**収納は奥様に任せたと言うご主人が多いのが現実ですが、家づくりの際に収納スペースや場所を考えるためには、モノの把握と整理が欠かせません。家族だからといって人のモノを勝手に捨てることはできませんので、家族みんなの協力が必要です。モノの持ち方と片付けについて家族で話し合いましょう。**

- - - - - - - - - - - - - - - - - - - - - - - - - - - - - - - - - - - - - - - - - - - - - - - - - - - - - - - -

# 2 ｜ 収納のスペース活用

## A ミステリーゾーンだらけの空間がもったいない

　新居は今より広くなるので、収納をたくさんつくれば片付くと思いました。

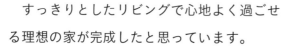

夫がもったいないと取ってあるモノは引っ越し前に何とかしてほしかったのですが、その話をすると喧嘩になるので、とりあえず納戸に入れることにしました。靴はシューズクローゼット、洋服はウォークインクローゼットをつくったのですぐに片付きました。

シューズクローゼットは大きいわりに入れるモノが少なく、空いているスペースがもったいない気がします。

引っ越して 1 年が過ぎましたが、納戸へ荷物を取りに入ったのは数回ほど。奥には何が入っているのかわからないダンボール箱が積まれています。2 階にある各部屋のクローゼットにも荷物を入れているので、どこに何が入っているのかよくわからず探しものが多い毎日です。

## B 限りある空間を有意義に使い切る

モノをしまう収納は使うところの近くにつくるのが効率的と知り、リビングや洗面所など各場所に収納をつくってもらうことにしました。

造り付け収納は、壁面を使い切ることができるので置き家具よりたっぷり収納ができ、万が一地震が起きても倒れてこないので安心です。

お雛様やクリスマスツリー、季節家電など大きなモノを入れる場所が必要だと思い、納戸も依頼。中に入れたいモノのサイズを測ってそれがちょうど収まるように収納棚もつくってもらいました。必要な時に必要なモノをすぐ取り出せ、片付けるときも楽にしまえるので、探し物のストレスから解放されています。

　モノを置くために新築の床面積を収納にも割り当てることになるので、よく考えてムダのない収納面積にしましょう。

　モノを置くスペースにいくら支払うのか収納率※から考えてみます。

　例えば建物代が3,000万円の注文住宅の場合、収納率が10%なら300万円、15%なら450万円と、150万円もの違いになります。土地代も考えると驚くほどの違いです。

　捨てられない理由によくある「買った時高かったから捨てるのがもったいない」は、考え方を変えれば使わないモノを置いておく場所代がもったいないのかもしれません。

　やみくもに収納をつくらずに入れたいモノを吟味してムダをなくしましょう。

※収納率とは、延べ床面積に対してクローゼットや押入といった収納面積が占める比率のこと。

----------------------------------------------------------------

# 3 ｜ 収納は、モノに合わせる? 暮らしに合わせる?

## A モノに合わせて収納家具を増やすと、収納貧乏の暮らしになる

　リビングで使うモノや子どもの洋服、おもちゃを入れるために収納家具やカゴなどを買うことにしました。

　洗面所にも収納が足りないので収納棚とあわせて収納用品も一式購入。

　「収納」「おしゃれ」などネットで検索するとおすすめのモノが注文できるのですぐに揃いました。なんとか片付いたと思っていたのもつかの間、両親が子どもに買ってくれるおもちゃと洋服が増えてきたので、再び収納用品を買い足すと、リビングの一角が完全に子どものモノに占有されてしまいました。「おしゃれ」と検索して揃えたのに、なんだか残念なコーナーになってしまいました。

## B 理想の暮らしに合わせて、モノの持ち方を考える

　リビングに子どもの洋服とおもちゃを置くことを最初から想定していたので、引き戸の造り付け収納をつくってもらいました。日頃は子どものモノが入った片側を開けて使っていますが、来客時などは扉を閉めるとスッキリとした状態になります。

　子どものおもちゃはカラフルなモノが多いので、好きなインテリアから考えるとリビングには置きたくないため、引き戸を閉じるだけで隠せる収納はとても便利でした。おもちゃや洋服は、収納に収まる量だけを持つことにしたので安易に増やすことはやめました。おじいちゃんとおばあちゃんにも私たちの生活スタイルを話しているので、突然のプレゼントはありません。

解説 --------------------------------------------------------------------------------

　便利そう、おしゃれと思って買ったモノが、逆に不便で散らかった空間をつくる要因になることもあります。

　洋服が増えたらハンガーや洋服ラックを買うというのは、モノを優先した暮らしです。

　希望する暮らし方に合わせて収納を決めたら、安易にモノを増やさないことが大切。食品保存容器が足りなければ保存袋に、バスタオルは薄手に変えるなど、モノを変えればスペースに収まります。

　パントリー、シューズクローゼット、ファミリークローゼット、ウォークインクローゼットと便利な収納が増えていますが、持ち物に合わせて上手に計画しないと収納だらけでムダなスペースが多い家になってしまいます。理想の暮らしに合わせてモノを調整することで居住空間の広い家にしましょう。

----------------------------------------------------------------------------------

# 4 動線と収納の関係

## A 長年の習慣で動線の不便さに気がつかなかった

　子どもの時からマンション暮らしなので、２階建ての上下に分かれる生活が想像できませんでした。引っ越してから気づいたのですが、１階で洗濯したモノを２階のベランダまで運んで干すのは、濡れた洗濯物が重いので思いのほか重労働。さらにベランダへの出入りが子供部屋からしかできないので、ベランダを寝室側に取り付ければよかったと後悔しています。子どもが成長して子供部屋を使うようになったら困りそうです。

　ダイニング・キッチンは配膳が楽なようにキッチンの横にダイニングテーブルを並べる配置にしました。間取り図では、キッチンと洗面脱衣室がまとまっていたので家事効率の良い動線と思ったのですが、洗面所に行くためには毎回テーブルを回り込まなければならず、想像以上に距離が長くなってしまいました。

## B 当たり前と思っていた不便は解消できる

　提案された間取りに家事動線を書いてみると、使い勝手が悪くなることが想像できました。１階で洗って２階で干すのは洗濯動線が長くなるので迷っていた時に、衣類乾燥機が便利と設計士さんから教えてもらいました。いままで外干ししていたので考えていなかったのですが、仕事をしていると洗濯は夜になることが

多いので乾燥機があるととても楽そう。洗濯物を干す目的のベランダはいらなくなるので取り付けることをやめました。

　その分余った予算を収納の内部造作にまわし、持ち物の収まりもよくなりました。

解説 ------------------------------------------------------------

　実際に住むあなたにしかわからない家族全員の生活動線を、間取りの上でシミュレーションしてみましょう。洗濯、料理だけでなく、出かける時や帰宅したあとの動き、お風呂に入る時など動作を思い浮かべながら動線を書いてみると、使いにくいところに気づきます。動線に合わせて使うモノの収納場所を決めていくと、片付けが楽で使いやすい家が完成します。

　今の暮らしで不便に思っていることは、些細なことでも書き出して設計士さんに相談してみると、自分では思いつかないプロならではの提案をしてもらえるかもしれません。

------------------------------------------------------------

ま と め

　どうでしたか？これからずっと暮らす家。子どもが成長して家族の生活スタイルが変わっても、モノが増えても、みんながストレスなくスッキリ暮らせる空間と、はれやかな気持ちで過ごせる時間が手に入る「収納マップ®」づくり。家族みんなで収納計画をやるとやらないとでは、その後の人生の過ごし方に大きな差が生まれます。

COLUMN 1

# きれいに暮らしたいのに、子どもが片付けない問題

**仕**事柄、わが家の子どもたちは片付けが上手できれい好きと思われがちですが、残念ながら全く逆の大人に育ってしまいました。育った家がきれいに片付いているからといって、子どもがきれい好きになるわけではないと実感しています。

片付け好きのお母さんは、気をつけないと片付けに苦手意識を持つ子どもを育ててしまうかもしれません。わたしの経験を書きますので、反面教師としてお読みくださいね。

子どもに片付けを任せたのに、その片付けが気に入らずに雑に置かれたモノを後からつい整え直したりして、せっかくのやる気を削いでしまうことが多々ありました。また、キレイに見えることを優先して、子どもにとって面倒な収納用品を使ったり収納場所が遠かったことが、片付けを後回しにする癖をつけたようです。

何気なくしたことが、子どもを片付け嫌いにした原因の一つかもしれません。そのため、子どもが片付けやすい簡単な収納を作り、優しく声掛けをするのは有効です。

お客様宅で片付けサービスをするとき、お子さんにはこんな声掛けをします。

「〇〇をする前に、使ったおもちゃはここへ戻そうね」。

次のことをする前に片付けることを伝え、「どっちが早く戻せるかな」と大人が楽しそうにしていると一緒に片付けてくれます。

実際にどこに何を置くかわかるようにラベルを貼り、やること（行動）を具体的に伝え、できたら褒めることが大切。

自分で片付けられる量を選ぶことも教えましょう。

第2章
「収納マップ®」9のメリット

# 「収納マップ®」9のメリット

**家**づくり・リフォームを始める時には、まず今の生活を把握することが新しい家づくりの土台になります。

　ネットを検索すると家を建てる人向けの情報はたくさんあるのに、なぜか住んでから収納と間取りを後悔する人が一向に減りません。理想の家を建てられるはずの注文住宅やリノベーションで、満足できる家が完成しないのは残念ですよね。

　収納コンサルティングと整理収納アドバイスに仕事の依頼をいただくのは、家が完成して暮らし始めてからというケースがほとんどです。多くは「片付かなくて困っている」という相談なのですが、この悩みの原因は、設計時の打合せが建物（ハード）中心で、暮らし（ソフト）についてのヒアリングがあまりないことにあると気づきました。

　憧れのファミリークローゼットやシューズクローゼットのある家が完成しても、住まい手の生活動線や収納したいモノの量がクローゼットと合わなければ使い勝手がいいとは言えません。

　収納用品は、入れるモノに合わせて選びます。家（収納）も収納用品と同じで**打ち合わせの早い段階から暮らし方とモノの情報（入れるモノ）を担当者に伝え、わが家にとって最適な家（収納）を提案してもらうことが重要**なのです。

　では担当者にはどんな情報をどうやって伝えればいいのでしょうか。設計担当者が依頼主の暮らしぶりや家を実際に見ることはほとんどないので、自分で暮らしぶりや持ち物について把握をし、聞かれた時にはすぐに答えられるよう情報とモノの整理をするために提案しているのが「収納マップ®」です。

　家は、食べて、寝て、くつろぐほかに、勉強や仕事と大切な時間を過ごすかけがえのない場所です。片付かなくて困ることにならないように、まずは使ったモノを楽に戻すために最適な置き場所を決めます。全ての持ち物に置き場所を決めるための土台となるのが、今住んでいる家の「収納マップ®」です。間取り図上のすべての収納に、今入れているモノと、部屋のどこで何をしているのかを書き出すことで

暮らしが可視化できます。

　いつか家を建てよう、リフォームしようと考えていたら、まずは住んでいる家の「収納マップ®」づくりから。家にあるモノ全てをリストに書き出して、今の暮らし方を間取り図に写していきます。すると、収納場所の特等席をキレイに保管されたまま何年も使っていないモノが占領していることや、見慣れすぎて気づかなかったけれど実は必要なかったモノ、収納しきれず他の場所に置かれているモノ、使う場所から離れた場所に収納されているモノ、または動線に合わない収納など、改善ポイントに気がつきます。俯瞰してみることで、家全体から今の暮らし方、将来の家づくりを整理して考えることができます。

　家中のモノを書き出すのは大変な作業ですし、面倒だと思うかもしれませんが、収納場所を一カ所ずつ書きながらモノの整理と思考の整理ができるので、一生に何度もない家づくりのためにもまずはやってみましょう。いずれ引っ越しする時には、全てのモノを出して片付けることになるので、早い段階で「収納マップ®」を書きながらモノの整理も一緒にしてしまえば、引っ越し作業も苦ではなくなります。

　早く取り組むほど価値がわかる「収納マップ®」づくり。どんなメリットがあるのか解説していきます。

# 9のメリット

① 家族の思いを知り、ルールを決めることができる

② 動線のいい収納場所がわかる

③ モノを持ちすぎていたことに気づける

④ モノを頑張って減らしたあともスッキリが続く

⑤ 家族みんなが収納を自分事にできる

⑥ ライフステージが変わる時がモノの移動のタイミング

⑦ モノの置き場所が決まるからどこにあるかいつでもわかる

⑧ 新築・リフォームの収納プランに役立つ

⑨ 引っ越し後、１週間でもとの生活ができる

# 家族の思いを知り、
# ルールを決めることができる

収納を考えるうえで大切にしてほしいことは、その家で暮らす全員のモノの置き場所を決めることです。

また、収納や片付けは奥様任せにされがちですが、それぞれのモノの置き場所は各自が把握している必要があるため、一人で決める前に家族でモノについて話し合う場を持つこと、すなわち「家族会議」をおすすめします。「家族会議」と聞くと、堅苦しさや重々しいと感じる人もいるかもしれませんが、結論を出したいことを話し合うこと＝会議という意味で、ここではあえて「家族会議」と呼ばせていただきます。

一緒に暮らしていると家族みんなが収納について同じ考え方、気持ちでいると思いがちですが、話してみると全然違うことを考えていたということはよくあります。

例えば"本が片付いていると思う状態"について聞いてみましょう。

---

◎まとめて積まれていれば片付いている

◎本棚へ戻すまでが片付け

◎本棚の中で高さやジャンル別に整理整頓されている状況までが片付け

---

このように基準は違うので、まずは互いに考えていることをよく聞く、自分の考えを共有することから始めてみましょう。これはあらゆる場面で必要ですが、**大事なのは共有すること**であって、考え方を押しつけることではないということです。

「気持ち」について話し合うことで、お互いに好きな暮らし方が認識できるので、無理に暮らしに家族を合わせようとせず、意見が違った場合でも折り合いのつくところを探しやすくなります。例えば、リビングはきちんと片付けて暮らしたい、子供部屋はそれぞれの片付けのタイミングに任せるなど、家族間での収納ルールが決めやすくなります。

**本の整理方法について家族で話してみたら──**

　一つひとつ収納テーマを決めて、家族それぞれの片付けに対する思いを共有できるようになります。例えば本の収納の場合なら、出しっぱなしはやめる、戻し方もどこまで片付けたらOKにするかなど、家族みんなの折り合いがつくルールと収納方法が決まり、みんなが晴れやかな気持ちで過ごせる空間になります。

出しっぱなしはなしにしよう。

読みたい時にすぐ見つけたいんだよね。

家族会議のススメ

**片**付けや収納など、一人で抱えてしまいがちなことは、家族会議で話すことでみんなの問題になります。どんな内容でも、テーマと目的、以下の 4 大項目を決めて話し合うといいですよ。

---

| 4大項目 | ☐ 気になっていること | ☐ 気持ち |
|---|---|---|
| | ☐ 改善したいこと | ☐ 夢や希望 |

---

例 【テーマ】家族の共有スペースにある「モノ」について
　　【目的】自分で判断ができないモノを片付ける
　　【気になっていること】使っているかわからないモノ、誰のものかわからないモノ
　　【気持ち】キレイに暮らしたいのに、いつまでも片付かなくてストレス
　　【改善したいこと】床置きのモノ、所有者のわからないモノをなくしたい
　　【夢や希望】リビングと続いている部屋の扉を開けて、ひと部屋として使いたい、
　　　　　　　　全てのモノが収納できる家にしたい

　この会議の最大のテーマは「モノ」。あやふやになっている状態のモノをどうするか、家族全員で話すことで「これ誰の？」というモノの所有者と置く場所が一瞬でどうしたらいいのか決まります。

# 動線のいい
# 収納場所がわかる

　動線とは、人が自然に動く時に通る経路のことを言います。家の中だと歩く道筋でしょうか。

　家の中を歩くのは、家事をする、着替える、お風呂に入るなど、何かをするためです。そのため、使うモノや場所までが遠いとモノを取りに行く動線が長くなります。

　動線が長くなると、わずか数秒、数歩の違いが何かをするときに時間がかかり面倒に思うようになります。そういう動線を「ダメ動線」と言いますが、ダメ動線が原因で面倒な気持ちにさらに拍車がかかるという人は多いようです。

　例えば、リビングが１階でお風呂も１階、寝室が２階にある場合、お風呂のたびに２階の寝室まで下着を取りに行くのは動線が長く面倒です。それなら、下着やパジャマは１階の脱衣所を置き場所にすれば取りに行く手間が省け、面倒とは思いません。

　このように、**日常的に使うモノは、使う場所の近くに収納することが動線のいい家をつくるための鉄則**。取りに行く・片付けるのが面倒と思う距離に置いているモノがあるな、と心当たりがある人は、収納場所を見直してみましょう。

　また、リビングに収納がない間取りの場合、空間は広くてもモノを片付ける先が近くにないので片付かずにイライラするかもしれません。勉強道具、おもちゃ、パソコンや書類など、家族それぞれがいろいろなことをするリビングには置いておきたいモノがたくさんあります。収納がつくられていなければ、使うたびに取りに行ってまた戻すなど動線が長くなる分面倒になり、後で片付けようと床やテーブルの上に出しっぱなしになってしまいがち。

　たとえ床面積が減ってもリビングには最初から造り付け収納を設けることをおすすめします。後から収納棚などの家具も置けますが、背の高い家具は圧迫感があり、地震で倒れる心配もあります。

いろいろな家事が
同時にこなしやすいと
時短にも！

　朝は食事の用意や片付けをしながら洗濯、子どもの準備、自分の身支度。夜も食事の用意や片付けをしながら、洗濯、お風呂の用意、子どもをお風呂に入れる、歯磨きを手伝う…など。

　洗面所とキッチンは毎日何回も行き来する動線になるので、位置関係は考え抜きたいところです。

### おすすめの動線

　**ど**の家庭にもおすすめしたい動線は、家事効率から考えてキッチンと洗面所を近くに設置することです。

　子育て中の人はもちろん、忙しい現代人は同時進行でやらなければならないことがたくさんあります。キッチンと洗面所が離れていると、往復しながら行う家事がストレスになるので、最初から動線を近づける間取りにすることで、かなり軽減できます。

　また、引っ越した時に決めた収納場所が、暮らしてみると動線が悪かったという場合もあります。

　今までマンションで暮らしていた人が3階建ての戸建て住宅に引っ越したら、それまで平面だった動線が上下の動線へと変わります。想像のつかない生活は、暮らしてから動線に合わせて収納場所を移動させると便利になります。

# モノを持ちすぎていたことに気づける

　整理収納サービスでお客様が渋々モノを減らそうとしている時は、場合によっては残すようにおすすめします。自分の理想の暮らしに合ったモノの適正量を考えることが大切だからです。

　お気に入りのモノに囲まれた暮らしが好きなら、"物持ちさん"でもいいのではないでしょうか。洋服を楽しむ価値観を持つ人なら、それを優先して洋服の量（適正量）に合わせたクローゼットをつくり、その量を守る生活をすればいいのです。

　自分にとっての適正量のモノが、収納の中で整理され、収納量にもゆとりがあればストレスを感じないので、全ての人がモノを減らせばいいというわけではありません。

　適正量を知るために、家づくりを考え始めたら最初に今家にあるモノを「いる」「いらない」で選別しましょう。

**これは、どんなに忙しくても早めにやることをおすすめします！**

　タンスやクローゼットにしまってあるモノを全部出して、１年使っているモノ（いる）と１年使っていないモノ（いらない）で分けていきます。いるかどうかで考えると必要な気がしてしまうので、実際に使っているかどうかで分けましょう。これをすることで新居の適切な収納量がわかり、間取りの依頼に役立ちます。

　入れたいモノが決まらないのに、収納用品を買うと失敗するのと同じで、モノの全体量を決めてから収納と間取りを考えると後悔することがなくなります。

　使っていなくてもすぐに手放せないモノは保留品とします。使っている、使っていない、保留品の３つに分類すれば、家中の整理が早く簡単にできます。

　「使っていない」に仕分けしたモノを処分するとき、捨てることに罪悪感がある人もいるかもしれません。そんな時は、捨てずに「手放す」という感覚でリサイクルショップやフリマアプリなどを活用しながら不要なモノを整理してはいかがでしょうか。

　タンスや押入れ、クローゼットの中にあるモノを一度全部出してみましょう。
仕分け方法は3つ。
①過去1年で使ったモノ（いる）　②過去1年で使っていないモノ（いらない）　③使っていないけどまだ手放せないモノ（保留品）

今の暮らしに必要？

 は使っていないけれど残したいモノの理由は、次の3つがほとんどです。

□ 思い出のモノ（過去）

□ 高かったモノ（過去）

□ いつか使うかもしれないモノ（未来）

　悩む理由が過去と未来にあると思ったら「今のわたしにとって必要なモノなの？」と自問自答すると、本当に必要かどうかわかります。
　「買った時に高かった洋服だけど今は似合わない。でも、またいつか着るかも？」と保留品としたら、それから1年後に着たかどうかをチェックしましょう。着ないのなら不要なのです。保留品は必要になったら出して使い、1年の猶予期間を経ても使わずに残っていたら手放します。整理をしてから家が完成するまでに1年くらいかかるケースが多いので、ちょうどいいですね。
　「思い出のモノ」については、厳選してから保留品→「思い出品」として分けて保存場所をつくり、収納すればいいのです。でも、意外と時間が経つと気持ちは変わるので、「思い出品」も定期的に見直してみることが必要です。

# モノを頑張って減らしたあとも
# スッキリが続く

　家づくりに重要な「どんな暮らしをしたいのか」といったこだわりは、モノの持ち方や収納方法を決めるときにも役立ちます。

　お料理好きで調理道具や器を楽しみたいと思うと、どうしてもキッチンまわりにモノが増えてしまいます。モノの数を絞れば収納スペースに余裕ができますが、収納本で見かける「お皿は◯枚、お鍋が◯個で暮らしてます」といった情報が、誰にでも当てはまるわけではありません。

　人によって暮らし方は千差万別。まずはわが家にとってちょうどいい量（適正量）を考えてみましょう。収納スペースを考慮して、重ねられるモノで揃えるなど工夫する方法もあります。

　とはいえ、狭小住宅でどうしてもキッチン収納に余裕がない場合は、どんなお料理にも合うように白い食器を数枚にするなど、こだわりを残しながら収納スペースに合わせたモノを選び、数も絞る必要があります。

　量を考えたあとも気をつけて暮らさないとモノは増えていく一方です。定位置を決めたら、そこからあふれないように定期的に見直しをしましょう。

　よく言われますが『一つ買ったら一つ手放す』これがとっても大切なのです。増

やさないように気をつけることで、いつでもモノの適正量が保て、スッキリと片付いた収納が続けられます。

　モノを処分するのは手間もお金もかかるので、買う時に慎重になることをおすすめします。例えば、長く使えるモノを選ぶこと。厳選して買って、使わなくなったら潔く手放そうと決めていれば安易にモノは増えません。手放せるモノの判断は人それぞれですが、処分が苦手な人は買い物をする時、次に紹介する「衝動買いを抑えられる 5 つの質問」を思い出して、改めて買おうとしているモノを吟味するなど慎重になりましょう。

**スッキリを続ける秘訣**

# 衝動買いを抑えられる
## 自分と向き合う 5 つの質問

① とっても気に入っている？

② 同じ様なモノを持っていない？

③ 必ず使う？

④ 置き場所はある？

⑤ 使わなくなったらどうする？

　これを基準に買い物をすれば、買ったままそのうち使おうと忘れてしまうモノはなくなりますし、使わなくなった時の処分にも悩みません。

　スッキリを続けるためにモノを増やさないこと、減らすことも大切ですが、収納が少なかったり出し入れしづらいことが原因で片付けが面倒になるようなら、収納家具を購入してスペースを増やすか外にレンタルスペースを借りるなど、柔軟に対応しましょう。

　家具を買うときのポイントは、それをどの位の期間使うのか、使わなくなった時にどうするのか考えることです。私が家具を買う時は、最初に下記のどちらにするか決めて選びます。

① 一生使いたいと思う、気に入った家具

② 気軽に移動でき、いらないと思う時に処分しやすいモノ（カラーボックスなど）

　どちらにするかは予算や価値観によりけりですが、目的の限定されたモノより汎用性の高いモノを選ぶと別の使い道があるのでおすすめです。

# 家族みんなが収納を自分事にできる

　誰も使っていなくて忘れてしまっているモノは、どの家庭にもあります。キレイに収まっているといつの間にか存在自体を忘れてしまうこともありますが、一度「収納マップ®」を作っていればどこに何が収納されているのか家族みんながわかっている状態なので、一目でモノの管理者が判明します。そのため、誰の荷物が収納スペースを圧迫しているのかも一目瞭然です。

　自分のモノを自己責任で管理し、他の人の迷惑にならないようにしていくことは、子どもにとって大切な教育（住育＝住まいや暮らしを学び健全な心身を育てる）になります。

　**使ったモノをきちんと片づけ、モノを大事にすることはそんな住育への一歩。子どもでも片付けやすい収納は「使いやすさ」を重視**しましょう。見た目の美しさを優先させて片付けにくい入れ物を使ったり、収納場所が離れていると、子どもにとっては面倒な収納となってしまいます。

　これから家づくりやリフォームを考える人は、子どもが遊ぶスペースの近くにおもちゃを置ける収納を最初から計画し、子どもでも簡単に戻せるようにしましょう。そこでおすすめなのがリビング・クローゼットです。子どもでも使いやすく、家族のモノの収納にも使える、リビングに置いておきたいモノを一括で収納できるクローゼットのことをこう呼びますが、子どものおもちゃ入れとしても活用できます。下の棚を子ども専用にして引き戸にすると、遊んでいる時はおもちゃ側の扉を開けておけるので、扉の開け閉めの手間が省けて便利です。

　子ども専用コーナーは、子どもの手の届く高さの可動棚にして、置くモノに合わせて棚板の高さを調整してください。重いモノは下段に置き、目線より下にくる中段は、絵や折り紙など薄くて軽いモノを入れた浅いカゴを引き出して使えるように棚板間隔を20cmに、大きめのおもちゃには棚板間隔を30cmにすると使い勝手がよくなります。

## 子どもが使いやすいと片付けやすい

　子どもは遊びだすといろいろとおもちゃを入れ替えて遊びます。たくさん遊んだ後も片付けやすい収納のポイントは子どもにあった高さ。成長とともに変わるおもちゃの収納棚を調整するのが大変という人は、下段を床から40㎝あけて、ここにキャスター付きのカゴを置き、重いブロック入れなどにすると子どもでも簡単に出し入れができ、使うモノの入れ替えも楽にできます。

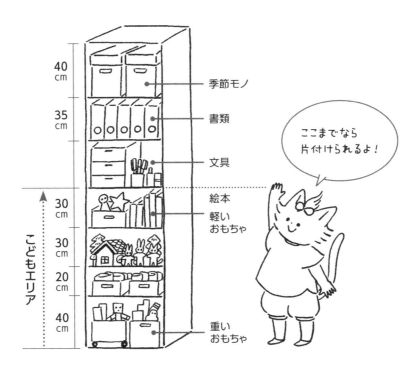

**家族の意識も変わる**

　子供部屋のリフォームのときに子どもと一緒に家具の配置やインテリアを考えたことで、自分の部屋を片付けるようになった中学生の話や、家を建てた際に収納をしっかり計画して戻し場所が決まってから夫が変わったといった体験も聞きます。
　きっかけさえあれば、そして本人が希望していれば誰でも片付いた部屋で暮らせるように変わるので、家づくりやリフォームがきっかけになるよう、片付けが苦手な家族の目線で、楽に戻せる、片付けたくなる収納について考えてみましょう。

# ライフステージが変わる時が
# モノの移動のタイミング

　「ライフステージ」という言葉を調べてみると、人間の一生における幼年期・児童期・青年期・壮年期・老年期などのそれぞれの段階のことを指す、とあります。

　家族については、新婚期・育児期・教育期・子独立期・老夫婦期などに分けられます。人生は一つずつステージをあがっていきますが、普段は自分が今どのステージにいるのかを意識することはなくても、イベントごとに区切って振り返ると、前とは違うステージに変わっていることが実感できるはずです。

　「収納マップ®」は、それぞれライフステージが変わる度に、少しずつ書き換えていきます。**ライフステージごとに更新していれば、家族それぞれが自分のモノに意識を持って生活することが習慣になっていく**ので、使われていないモノがそのまま子供部屋に何となく残されて、子供部屋はそのまま物置になっていく…という事態を防ぐことができます。収納できる場所は極力増やさないように気をつけながら収納するモノを入れ替えていけばスッキリした状態で暮らすことができます。

　ライフステージが変わると生活も変わるので、リビングで行うこと、個室で行うこと、出かける時の動きと、一日の行動動線から変わってきます。当然、持ち物や毎日使うモノも変わるため、収納場所の見直しをする必要があります。一度「収納マップ®」をつくっていれば、収納の中もグルーピングができているので移動は簡単です。

　ずっと先になるかもしれませんが、子どもが独立して家を出る時も、「収納マップ®」があれば移動が楽に行なえます。新しい生活で必要な持ち物リストをもとに、「収納マップ®」から必要なモノをグループごと持ち出せばいいのです。

　子どもの独立とともに夫婦二人の生活に戻れば収納に余裕ができますし、空いた子供部屋を趣味の部屋にしよう、など新しい活用を考えるのも楽しいですね。

## 必要なモノは、暮らしの変化とともに変わっていく

　出産、進学、卒業、子どもの独立などとライフステージが変わるたびに、個室の収納だけではなくリビングや共有スペースに置かれているモノも同時に見直すことが大切です。

　使うモノはその時々で変わっていくので、収納に入れたままになっているモノがあれば、必要なモノだけ残して整理しましょう。

### モノも新陳代謝を

　子どもの成長を見越して、見落としがちなのが玄関収納です。子どもの靴のサイズはどんどん大きくなるので、靴が入りきらなくなったら親の一人あたりの靴数を減らす、シーズンオフの靴は置き場所を変えるなどの工夫も必要です。

　また、将来介護用のリフォームが必要になるかもしれません。そんな時にも、「収納マップ®」が更新されていればライフステージに合わせてモノも新陳代謝され、年齢にふさわしいモノが残されているので、介護生活にスムーズに対応したリフォームができます。

　家は何十年も家族が過ごす場所です。ライフステージごとに必要なモノが変わり、家族が入れ替わり、建物は次の世代に引き継がれていくでしょう。「収納マップ®」も書き換えながら引き継いでいけば、ムダな物置空間などがないスッキリした暮らしをずっと維持できる家であり続けます。

# モノの置き場所が決まるから
# どこにあるかいつでもわかる

家の中に、モノがいくつあるか考えたことはありますか？

「小学生の子どもが二人いる四人家族で家中のモノの数を数えてみると6000弱ある」と聞きます。一見キレイに片付いているように見える部屋でもこの数になるそうです。家族や持ち物が多ければ、8000〜9000くらいになるかもしれません。この数のモノの置き場所があやふやだったら、家の中はどんな状態になってしまうでしょう。

家族みんなが、家の中のすべての持ち物を把握することはなかなかできないので、探しモノが多くなりますし、家族からはどこにあるかいつも聞かれてしまいます。「誰の所有物かあいまいなモノ」は使った人が適当なところに入れてしまいがちなので、「この前ここにあったはずなのに、誰か使ったまま戻していないでしょう？」ということになりそうです。

さらに、持ち物を把握できていないと同じようなモノをまた買ってしまうので、モノは増えやすくなります。**置き場所が「あやふや」なことが、ストレスだらけの生活をつくるのです。**

家族と話して「収納マップ®」さえつくっておけばそんな「あやふや収納」にはなりません。最初から収納計画がされているので、置き場所への家族の意識が違ってきます。時間が経っても各自がモノのありかと量を把握しているため、「どこに入れたかわからない」がなくなります。

また、契約書や保証書などが急に必要になるとどこにあったかと焦りがちですが、「書類を置く場所」を決めてそこにファイルされているとわかっていればそんな心配もありません。

全てのモノの置き場所がハッキリ決まっている生活は、持っているモノを覚えていなくても、いつでも見つけられる安心感がありますし、探し物のちょっとしたストレスからも解放されます。

　節句用品や季節用品など一年に一度だけ使うモノほど、あちこちに収納されがち。数年ぶりにスノーボードへ行こうと思った時に、ボード、靴、ゴーグル、手袋、ウェア、帽子など必要なモノがグループになって収納されていれば、用意も楽ですし忘れ物もありません。

**「あやふや収納」からの脱却**

　このところ増えているのが「家にモノは多くないのに片付かない」といった相談です。20〜30代の若い人ほど、使わないモノは躊躇なく売ったり処分はできるようですが、モノを減らしても部屋の中が使いづらくスッキリと片付かないのだそう。

　よく収納用品やテクニックを聞かれますが、お話を伺うと「あやふや収納」になっていることがほとんどです。

　モノ自体は少なくても、書類、薬、レシート、ハンカチ、文房具など一カ所の収納場所の中に様々なものが雑多に混ざった状態では片付けが進まないですし、きれいに収まらないので、まずはモノを整理して収納場所をハッキリと決めてから、収納方法や収納グッズをどうするか考えるようにアドバイスします。

　新居に引っ越しする前に、モノを整理して減らしながら「あやふや収納」からも脱却しましょう。

# 新築・リフォームの収納プランに役立つ

新築やリフォームの間取りを設計者と相談するとき「収納マップ®」があると、新居に持っていくモノと量を具体的に伝えられ、家族の動線（参照：第2章　メリット2）をふまえた**「使いやすい場所・使うモノの量に合った・使いやすいサイズ」の収納を、設計段階からプランニングすることができます。**モノを整理することは、必要な収納、間取り、その家での過ごし方といった大切なことに繋がります。

また、収納のサイズや扉の開く方向は、モノを出し入れする使い勝手に大きく関わります。奥行きや幅が足りなければ入れたいモノは入りません。特に奥行きの深い収納は出し入れしづらいので気をつけましょう。

日本の家庭にあるモノで一番奥行きが必要なのは布団です。一般的なシングルの敷布団は100cm×210cmなので、収納の奥行きは75cm以上必要です。布団があるのに押入れ収納がないのであれば、敷布団の収納先を考えなくてはいけません。また、クローゼットが押入れと同じ奥行きのものをよく見かけますが、洋服の肩幅から考えると60cmが使いやすい奥行きです。

持っているモノと収納サイズを合わせることはとても重要です。持ちモノが全て最適な場所へ収まるのかどうか、早い段階から収納するモノを間取りに反映することが、その後の生活のしやすさに大きく関わります。

## 新居の収納：確認する5つのポイント

① 収納内部の形状／枕棚+ポール or 棚収納 or 棚収納はない

② 棚収納について／棚板の枚数、可動棚 or 固定棚

③ 収納の奥行きと幅

④ 枕棚+ポール収納／取り付け位置（高さ）

⑤ 収納扉の形状

腰高の収納棚の下にポールがついています。洋服を
かけられる高さはないので、何をかけるか迷ってしまいます。このように収納内部の形状は荷物を入れるまで見過ごしてしまいがち。忘れず確認しましょう。

## 【参考】奥行き一覧

押入れ（布団）／奥行き75〜85cm

クローゼット（洋服）／60cm

棚（食料品・書類ケース・カゴ・掃除用品）／30cm〜45cm

**よくある悩み**

片付けサービスをしていると、新しい住まいの収納に悩んでいるとの声をよく聞きます。以下に主な悩みを紹介します。

□ ウォークインクローゼットなのに、洋服をかけたら歩くことができない

□ 入れたいと思っていたモノのサイズを間違えて伝えたのでモノが入らない

□ 収納がほしいところにない

□ 収納をつくりすぎた

□ 増やしたはずの収納が全然足りなかった

□ 棚の奥行きが入れたい物のサイズに合わない

収納は、家づくりと同時に考えると良いのね。

　引っ越して荷物を入れて初めて気がついて悩んでいるというのです。家が片付かないのは片付け下手だからと諦めがちですが、これは建物の問題です。建築確認前の早い段階からどの場所に何を入れるか考え、サイズや量、動線の確認をしておけば、後から悩まなくていいことばかりです。「今より広い家になるから、たぶん荷物は収まるはず。どこに何を収納するかは引っ越してから考えよう」は危険です！

# 引っ越し後、
# 1週間でもとの生活ができる

引っ越し前に「収納マップ®」をつくれば、新居の収納場所のどこに何を入れるのかがすでに決まっているので、引っ越し業者への荷物配置の指示が簡単にできます。

新居の間取り図には、引っ越し当日に運び込んでもらう置き家具を記入し、全ての収納にそれぞれ番号をふっておきます。後日搬入される新しい家具は、書いておかなくても大丈夫。荷造りは数字をふった各収納に入れるモノごとにまとめて、同じ番号を割り当てたダンボール箱を用意し、詰めていきます。

引っ越し当日は、指定の番号を書いた紙や養生テープなどを用意し、ダンボールを置いてもらう各部屋やスペースに貼っておくとわかりやすいでしょう。部屋に搬入する時も、リビングキッチンのような場所は空きスペースにダンボールを重ねて積むので、図のように"ここが③④置き場"という指示になります。

番号を記入した間取り図を見えるところに貼っておけば、それがそのまま指示書になります。業者以外のお手伝いに来てくれた人もどこに何を入れたいのかがわかるので、スムーズに開封できます。

家族が荷物を探してウロウロする、荷物が別の場所から後で見つかるということもなくなるので、効率もよくムダなストレスもありません。

**荷ほどきを早く終わらせるためには荷造りが肝要です。**

ダンボール詰めを始める前段階で、「収納マップ®」をつくりながら各収納に入れるモノを決めていけば、引っ越し前は別々の部屋で使っていたモノも同じ番号の箱に入れられるので新居でモノの迷子がなくなります。

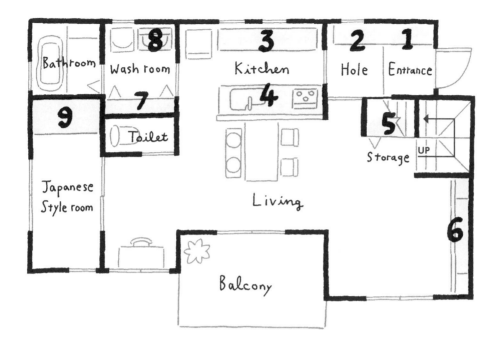

　新居の間取り図を用意し、玄関は①、玄関ホールは②、キッチンは③・④…と、各収納に番号をふり分けます。荷造りの際は、新居の収納ごとのモノを、同じ番号が書かれた段ボール箱へ入れていきます。引っ越し後は、番号の場所へ箱の中身を移すだけなので、新居での生活がスムーズに始められます。

### 荷ほどきを楽に

引っ越した後は、使うモノがどこにあるか知っておく必要があります。
お皿や歯ブラシは聞かなくてもわかりますが、殺虫剤や荷造りセットなど置き場所が想像つかないモノは「収納マップ®」で情報共有しておきましょう。
　ファミリークローゼットなら、クローゼットのどこの空間に誰の何を収納するのかも知っておかなくてはいけません。
　「収納マップ®」を見ながら家族で話し合い、困ることなく新居の生活を始めましょう。

□ 「収納マップ®」に番号を書いておくことで引っ越し業者への指示が簡単に

□ あらかじめ収納場所が決まっているので荷ほどきが楽に

□ 「収納マップ®」を共有するので、家族みんなが新居のモノのありかを把握できている

# コンセントの位置はモノと動線から

コンセントの設置位置と数は後から変えられません。大切なのは「多めにたくさん」ではなく「必要な位置と数」。持ち物リストを参考に、動線のシミュレーションをして家電・家具配置を決めれば、適切な位置と数を導き出せます。戸建ての見落としがちなポイントを紹介します。

**【 廊下・玄関ホール・階段まわり・納戸 】**

例 掃除機、自転車のバッテリー

主に掃除用。コードレスタイプの掃除機なら、納戸等の中の入口付近につくると収納場所で充電できて便利です。ロボット掃除機は、充電基地の置き場所の高さに合わせた位置に。シューズクローゼットには電動自転車のバッテリー充電用も。

**【 キッチン 】**

例 冷蔵庫、電子レンジなどの家電

同時に使う家電の数と消費電力の容量にも注意。また、調理台周辺にも一つあると、ハンドミキサー等に使えて便利です。

**【 洗面所 】**

例 洗濯機、充電式の歯ブラシやひげ剃り

使いやすい高さと位置に。充電用は収納棚の中にあると便利。

**【 リビング・ダイニング 】**

例 固定電話用、家電用、調理家電（ホットプレートや鍋）

携帯やタブレットの充電は、よく座る場所付近にすると便利です。また、テーブルに家電コードが届くかも確認。収納の中に作っておくと配線が隠せます。

**【 ワークスペース等 】**

例 PC周辺機器、Wi-Fiルーター等

それぞれの部屋でゲームやオンライン会議、勉強などに使用するなら「Wi-Fiアクセスポイント付情報コンセント」がおすすめ。

**【 その他のポイント 】**

外に電動工具、高圧洗浄機用があると便利です。また、ペットがいる場合は配線や高さに配慮しましょう。

第3章

「収納マップ®」
使い方マニュアル

# 「収納マップ®」の作成手順と使い方

　スッキリした部屋に憧れるからといって、モノを極力減らしたほうがいいと思うあまり、いき過ぎた処分をすると自分らしさを失ってしまいます。逆にモノにこだわりすぎて部屋中が手放せないモノで溢れていると雑多になるので、ストレスを感じる部屋で毎日を過ごすことになります。

　片付けや収納本の多くは、目の前にあるモノを必要・不必要で分けて収納先をどうしようと考える傾向にありますが、モノを優先して収納を考えることは「木を見て森を見ず」になりかねません。

　引っ越しやリフォームを機に収納計画をきちんと立て、快適な新生活を迎えるために「収納マップ®」づくりは欠かせません。

　「暮らしのテーマ」を決めて、優先したいことや家族の性格・習慣化された行動動線に合わせて「収納マップ®」をつくると、新居での最適な収納量と適切な収納先が見えてくるので、新居の間取り設計に生かすことができます。

モノ

暮らし方

　少ない持ち物でさえ収納の定位置が上手く決まらなければ片付けにくいですし、必要と思うモノがすべて収まるように収納計画をすると、収納スペースばかりになり生活空間がとても狭くなってしまいます。

　**家全体の収納計画を事前に行い、収納とモノのバランスがとれた家にすることが収納マップの目的です。**

| 手順 | |
|---|---|
| | ① 暮らしのテーマ設定 |
| | ② 家族の年表をつくる |
| | ③ 持ち物の棚卸し　持ち物リストの確認 |
| | ④ 動線とゾーニング |
| | ⑤「収納マップ®」のつくり方　今の家・新居 |

収納マップ

*ストック
常温食品
お菓子
お酒・お茶

衛生用品
マスク・ハンカチ
文具・書類
アルバム・手紙

ゲーム・カメラ
DVD・おもちゃ
PC
周辺機器

食事
パソコン
勉強

ゲーム
くつろぐ

布団・シーツ
夫 *かける服
　 *たたむ服
　 下着・バッグ

妻 *かける服
　 帽子
　 小物
　 バッグ

本
アイロン
?

親
寝る
着替え

妻 *たたむ服
　 下着・干す用品

① 電子レンジ、炊飯器、トースター、ポット、食器・グラス　お弁当グッズ、カトラリー、ごみ箱2個

② 日用消耗品、災害用品、掃除機、掃除用品　イス・クーラーボックス、応援グッズ

# 1 暮らしのテーマ設定「どんな暮らしをしたいのか」

　どんな家で暮らしたいのか、どんな生活がしたいのか家族みんなで話し合う「家族会議」から始めましょう。

　「この家をどんな場所にしていきたいのか」考えていることを相手に伝え話し合うことが住まいを見直すスタートになります。

➡ p.20　第2章 メリット1 参照

　家族の一人でも思いつきや衝動で自由に買い物をしていると、家の中はすぐにモノであふれてしまいます。また、思いきった処分をしても、その時スッキリするだけで家族みんなの考えが同じ方向に向かない限り同じことの繰り返しです。

　「モノは少ないけれど、どこに何を収納すれば使いやすいのかわからない」という場合は、まずは家のどこでどんな時間を過ごしたいのか考えることから始めましょう。

　家族みんなで暮らす家です。「仕事に集中しやすいテレワークスペース」「共働き夫婦が家事を共有できるキッチン」「それぞれが自分の時間を大切にしながらもそれぞれの心地よい居場所があるリビング」など、新居でどう過ごしたいのか、快適に楽しみながら暮らすための答えを見つける話し合いからスタートしましょう。

　何から話せばいいのかわからない人は、次のような質問項目をまず自分で考えて家族にも聞いてみることから始めてはいかがでしょう。

| 趣味のモノや好きなモノが飾ってある暮らし | なるべくモノが少ないシンプルな暮らし |
|---|---|

毎回片付けなくても、
すぐに使うモノは
出しておいてもいい

常にスッキリと
片付いた状態でいたい

片付いていない部屋でも、
あまり気にならない

片付いていない部屋は、
憂鬱な気分になる

使わないモノも、
いつか必要になるかも
なるべくとっておきたい

使わないモノは、
引っ越し前に手放す
スペース・イズ・マネー

　**お互いの考え方を知ることが目的**なので、質問は分かりやすく真逆のことになります。２択から選ぶので、簡単に相手の好みや思いを聞くことができます。**どちらが正しいと論破するのではなく、相手の考えていることを知り、価値観が違う場合は「これならできる」ポイントの折り合いをつけていくことが大切です。**

　暮らす人が無理をせず、快適と思える住まいづくりのためです。人任せではなく家族みんなでつくりあげれば、家も暮らしもみんなの"自分事"になります。

　話し合う時間がとれない人は、どんな暮らしが自分にとって理想（＝快適）だと思うか聞いてみましょう。

　○○な暮らしがしたい！　○○にハマる言葉を聞きます。

例｜
探しものがない暮らし
家事が楽な暮らし
家族みんながリビングでくつろげる暮らし
大好きな本に囲まれた暮らし

■家族との話し合いやインタビューから気づいた考えをまとめてみましょう。

| | |
|---|---|
| 今の家の<br>気に入っている<br>ところ | |
| 今の家の<br>改善したい<br>ところ | |
| 快適と思える<br>暮らし | |
| 新居のテーマ | |

memo

# 2 | 家族の年表をつくる

　家族のライフステージが変化するに従い、使うモノや部屋の役割は変わっていきます。家族の年表を書いてみると、子どもの年齢差や成長の早さが一目瞭然なので、将来の部屋の使い方やモノを選ぶ際に期間を区切って計画できます。

　幼児期の子どもがいる場合、お昼寝、遊び、着替えとほとんどのことをリビングでするので、その時に使うモノをリビングに収納すると便利ですが、それはほんのわずかな時期。成長に伴い、定期的に収納するモノや収納場所を見直していくことが必要です。

　今の生活だけでなく、家族のこれから先の生活を想像することは、思い付きの買い物を減らせるだけでなく、将来の引っ越しや住まいの建築計画に役立ちます。

［記入日］　　　年　　　　月　　　　日

| 名　前 | 今の年齢 | 3年後（学年） |
|---|---|---|
|  |  |  |
|  |  |  |
|  |  |  |
|  |  |  |
|  |  |  |
|  |  |  |

　子育ての期間は、書き出してみるととても短いことに気づきます。進学のために子どもが家を出るとなると、あっという間に夫婦二人の生活に戻りますし、いずれその家で親の介護をするという選択もあるかもしれません。将来のことも見据えて間取りを計画しましょう。

| 5年後（学年） | 10年後（学年） | 15年後（学年） | 20年後（学年） |
|---|---|---|---|
|  |  |  |  |
|  |  |  |  |
|  |  |  |  |
|  |  |  |  |
|  |  |  |  |
|  |  |  |  |

# 3 持ち物の棚卸し　持ち物リストの確認

　家に何があるか聞かれてもすぐには思いつきませんが、一覧表を見ながらなら持っているかどうか考えることはできますね。

　家庭によって持ち物は違うため、全てを細かく把握することは難しいですが、家の中で人が行う行為（やること）から連想して使うモノを考えると簡単です。

　野菜炒めをつくるなら、包丁とまな板を使って野菜を刻んでボウルとザルで野菜を洗い、フライパンに油を敷いてフライ返しで野菜を炒めながら調味料で味付けをしてお皿に盛ります。

　この一連の行為は、どこの家庭でもそれほど変わらないので、家の中にあるモノは行為に合わせてリスト化することができるのです。

| 家にあると思われるモノを一覧にしたリスト |
| --- |

① 衣類・靴・外出用品　② 家事用品(料理・洗濯・掃除)　③ 生活用品(洗面脱衣室・リビング・個室)

④ ストック・季節用品　⑤ 家具・家電・インテリア用品

　**P.50からはじまる①～③のリストは行為ごとにまとめてあります。**家の中のどこで誰が何をするのか考え、使う場所から一番近い位置を収納先と決めれば、出し入れする動線の短い収納先が決まります。

**■③暮らし生活用品**（洗面脱衣室・リビング個室）

| 行為 | 分類 | モノ | 整理処分 | 家族 | 名前 | | | | メモ |
| --- | --- | --- | --- | --- | --- | --- | --- | --- | --- |
| | | …用 | | | | | | | |
| 入浴する | 入浴用品 | 入浴用品ストック | 1 | | | | | | ストック品は、1つ以上買わない |
| | | 持ち運び用お風呂セット | | | | | | | |
| | | バスマット | 2 | | | | | | 洗い替え用に1枚 |
| | | バスタオル | 10 | | | | | | 1人2枚 |
| | | タオル | 15 | | | | | | 1人3枚　多い? |
| | | | | | | | | | |
| | | ボディケア(美顔・ネイル等) | | | | | | | |
| | | アロマ | | | 5 | | | | 好きなオイルに厳選する |

　この時、一緒に使うモノや同じ種類のモノをグループとしてまとめておくと利便性のよい収納になります。

　モノは少ないのに使いやすい収納にならない人は、上手くグループがつくれていない場合があるので、リストの分類を参考にモノのグループをつくってみましょう。

　①〜③のリストの家族の横の欄には、個人の名前を記入し色を決めます。表を見て持っているかどうか確認しながら使っている人の色を塗っていき、個人で管理する洋服や靴は個人の欄へ、みんなで使うモノは、家族の欄に色を塗れば、誰の所有物でどこに置けばいいのかが一目でわかります。

　また、色を塗りながら、置いてある場所がゴチャゴチャしていると思ったら、整理処分の欄に ✓ をつけます。

　つい多く持ちすぎてしまうモノは「いくつあれば生活できるだろう」と考えて、必要だと思う数（適正量）を欄の中に記入します。洋服、靴、食品保存容器、空き瓶、傘、タオルなど、メモ欄も使いながら記入した数（適正量）をもとに考えると整理しやすくなります。

　**④のリストは、ストック品や使用頻度の低いモノを一覧にしています。**いつもまとめ買いをするなら、ストック品の収納場所も考えておかないといけません。思い出品も収納する場所を決めておけば、引っ越し後も迷いません。

　**⑤のリストは、家具や家電、インテリア用品を使いそうな場所ごとにまとめてあります。**買い替えることがあまりないモノなので、一度サイズを測って記入しておけば引っ越しや模様替えのたびに測らずに済むので便利です。

　気づいたことや決意なども自由にメモ欄へ記入します。

　一つずつリストを見ていくと、持ってはいたけれど何年も使っていないモノ、多すぎるから減らしたほうがいいと思うモノが可視化されます。また、片付かなくて困っているモノの所有者もはっきりするので、次のアクションを起こしてもらいやすくなります。

## ■①衣類・靴・外出用品

| 行為 | 分類 | モ ノ | 整理処分 | 家族 | 名 前 | | | | | メ モ |
|---|---|---|---|---|---|---|---|---|---|---|
| 着替える | 主にかける服 (シーズンオン・オフ) | ジャケット | | | | | | | | |
| | | スーツ | | | | | | | | |
| | | ズボン | | | | | | | | |
| | | ワンピース | | | | | | | | |
| | | スカート | | | | | | | | |
| | | コート | | | | | | | | |
| | | オーバー | | | | | | | | |
| | | ジャンパー | | | | | | | | |
| | | ダウン | | | | | | | | |
| | | Yシャツ | | | | | | | | |
| | | 学生服(コート) | | | | | | | | |
| | | フォーマル | | | | | | | | |
| | | | | | | | | | | |
| | | | | | | | | | | |
| | | | | | | | | | | |
| | 主にたたむ服 (シーズンオン・オフ) | ブラウス | | | | | | | | |
| | | トレーナー | | | | | | | | |
| | | セーター | | | | | | | | |
| | | カーディガン | | | | | | | | |
| | | ベスト | | | | | | | | |
| | | Gパン | | | | | | | | |
| | | Tシャツ | | | | | | | | |
| | | ポロシャツ | | | | | | | | |
| | | | | | | | | | | |
| | | | | | | | | | | |
| | 部屋着 | パジャマ | | | | | | | | |
| | | 部屋着 | | | | | | | | |
| | | ルームソックス | | | | | | | | |
| | | | | | | | | | | |
| | | | | | | | | | | |
| | 下着 | パンツ | | | | | | | | |
| | | ブラジャー | | | | | | | | |
| | | 肌着 | | | | | | | | |
| | | ズボン下 | | | | | | | | |
| | | | | | | | | | | |
| | | | | | | | | | | |

| 行為 | 分類 | モ ノ | 整理処分 | 家族 | | | | | | メ モ |
|---|---|---|---|---|---|---|---|---|---|---|
| 着替える | 靴下 | 靴下 | | | | | | | | |
| | | ストッキング | | | | | | | | |
| | | ストッキングストック | | | | | | | | |
| | | | | | | | | | | |
| | | | | | | | | | | |
| 用途により使う | その他 | スポーツウェア一式 | | | | | | | | |
| | | 水着一式(ゴーグル・帽子) | | | | | | | | |
| | | スキー・スノーボードウェアー式 | | | | | | | | |
| | | 着物一式(帯・はおり・浴衣・小物) | | | | | | | | |
| | | 礼服一式(靴下・バック・数珠) | | | | | | | | |
| | | | | | | | | | | |
| | | | | | | | | | | |
| 主に外出時に使う | 小物 | マフラー・ストール | | | | | | | | |
| | | スカーフ | | | | | | | | |
| | | 手袋 | | | | | | | | |
| | | 帽子 | | | | | | | | |
| | | ベルト | | | | | | | | |
| | | | | | | | | | | |
| | | | | | | | | | | |
| | バッグ・袋 | ハンドバッグ | | | | | | | | |
| | | ショルダーバッグ | | | | | | | | |
| | | トートバッグ | | | | | | | | |
| | | リュック | | | | | | | | |
| | | カゴ | | | | | | | | |
| | | 通勤バッグ | | | | | | | | |
| | | ポーチ・巾着 | | | | | | | | |
| | | | | | | | | | | |
| | | | | | | | | | | |
| | 装飾品 | ネックレス | | | | | | | | |
| | | 指輪 | | | | | | | | |
| | | ブレスレット | | | | | | | | |
| | | ブローチ | | | | | | | | |
| | | ピアス・イヤリング | | | | | | | | |
| | | 腕時計 | | | | | | | | |
| | | サングラス | | | | | | | | |
| | | | | | | | | | | |
| | | | | | | | | | | |
| | | | | | | | | | | |

| 行為 | 分類 | モノ | 整理処分 | 家族 | | | | | メモ |
|---|---|---|---|---|---|---|---|---|---|
| 主に外出時に使う | 靴 | スニーカー | | | | | | | |
| | | 革靴 | | | | | | | |
| | | ハイヒール | | | | | | | |
| | | ローファー | | | | | | | |
| | | サンダル | | | | | | | |
| | | ブーツ・長靴 | | | | | | | |
| | | 登山靴 | | | | | | | |
| | | フォーマル用靴 | | | | | | | |
| | | | | | | | | | |
| | | | | | | | | | |
| | | | | | | | | | |
| | 外出用小物 | 傘・折りたたみ傘 | | | | | | | |
| | | 雨具 | | | | | | | |
| | | 日傘・日よけカバー | | | | | | | |
| | | 家の鍵 | | | | | | | |
| | | エコバッグ | | | | | | | |
| | | マスク・除菌シート | | | | | | | |
| | | 日焼け止め・虫除け | | | | | | | |
| | | PTA用品一式（カード・スリッパ） | | | | | | | |
| | | ハンカチ・ポケットティッシュ | | | | | | | |
| | | | | | | | | | |
| | | | | | | | | | |
| | | | | | | | | | |
| メンテナンスする | 外出用メンテナンス品 | 靴磨きセット（クリーム・ブラシ・布） | | | | | | | |
| | | スプレー（防水・撥水・静電気防止） | | | | | | | |
| | | 靴べら | | | | | | | |
| | | シューキーパー | | | | | | | |
| | | | | | | | | | |
| | | | | | | | | | |
| | | | | | | | | | |
| 出かける | 外出用品 | 自転車用小物 | | | | | | | |
| | | ベビーカー | | | | | | | |
| | | 買い物カート | | | | | | | |
| | | 車椅子 | | | | | | | |
| | | 杖 | | | | | | | |
| | | | | | | | | | |
| | | | | | | | | | |
| | | | | | | | | | |

## ②家事用品（料理・洗濯・掃除）

| 行為 | 分類 | モ　ノ | 整理処分 | 家族 | メ　モ |
|---|---|---|---|---|---|
| 料理する | 包丁・まな板 | 包丁・ナイフ | | | |
| | | まな板・カッティングボード | | | |
| | | | | | |
| | | | | | |
| | ざる・ボウル | ざる（大中小） | | | |
| | | ボウル（大中小） | | | |
| | | | | | |
| | | | | | |
| | キッチンツール | バット（大小） | | | |
| | | 計量カップ | | | |
| | | はかり | | | |
| | | スライサー | | | |
| | | ピーラー | | | |
| | | しゃもじ | | | |
| | | ゴムベラ | | | |
| | | 菜箸 | | | |
| | | お玉 | | | |
| | | フライ返し | | | |
| | | 木べら | | | |
| | | 泡立て器 | | | |
| | | トング | | | |
| | | めん棒 | | | |
| | | 計量スプーン | | | |
| | | キッチンタイマー | | | |
| | | 缶切り・栓抜き・ワインオープナー | | | |
| | | はけ | | | |
| | | ビンのふたあけ（シリコン） | | | |
| | | エッグタイマー | | | |
| | | レモン絞り | | | |
| | | すり鉢・すりこぎ | | | |
| | | おろし器 | | | |
| | | 巻きす | | | |
| | | | | | |
| | | | | | |
| | | | | | |
| | | | | | |

| 行為 | 分類 | モ　ノ | 整理処分 | 家族 | メ　モ |
|---|---|---|---|---|---|
| 料理する | キッチン用消耗品 | キッチンペーパー | | | |
| | | ラップ | | | |
| | | ホイル | | | |
| | | 袋(大・中・小) | | | |
| | | チャック付き保存袋 | | | |
| | | キッチン消耗品ストック | | | |
| | | クッキングシート | | | |
| | | | | | |
| | | | | | |
| | 鍋・フライパン類 | 両手鍋 | | | |
| | | 片手鍋 | | | |
| | | 土鍋 | | | |
| | | 圧力鍋 | | | |
| | | ケトル・やかん | | | |
| | | フライパン | | | |
| | | 天板 | | | |
| | | | | | |
| | | | | | |
| | 調味料 | オイル | | | |
| | | 調味料(塩・砂糖・胡椒など) | | | |
| | | | | | |
| | | | | | |
| 洗う | キッチン掃除用品 | アクリルたわし | | | |
| | | スポンジ | | | |
| | | 固形石けん(入れもの) | | | |
| | | 食器用洗剤 | | | |
| | | 食器用洗剤ストック | | | |
| | | 他洗剤 | | | |
| | | | | | |
| | | | | | |
| ごみを出す | ごみ | 燃えるごみ | | | |
| | | 燃えないごみ | | | |
| | | ビン・缶 | | | |
| | | ペットボトル | | | |
| | | 資源ごみ(紙・洋服) | | | |
| | | 資源ごみ(電池・カートリッジ) | | | |
| | | プラごみ | | | |
| | | | | | |

| 行為 | 分類 | モノ | 整理処分 | 家族 | メモ |
|---|---|---|---|---|---|
| ごみを出す | ごみ袋 | ごみ用紙袋 | | | |
| | | ごみ袋 | | | |
| | | レジ袋 | | | |
| | | 生ごみ用袋 | | | |
| | | | | | |
| 料理する・食べる | 常温食品 | レトルト食品 | | | |
| | | 乾物 | | | |
| | | 粉類 | | | |
| | | 麺類（そば・うどん・そうめん） | | | |
| | | 麺類（パスタ・マカロニ） | | | |
| | | 調味料 | | | |
| | | 香辛料 | | | |
| | | 缶詰 | | | |
| | | 米　＊冷蔵庫保存の場合も | | | |
| | | お餅 | | | |
| | | お茶 | | | |
| | | お菓子 | | | |
| | | | | | |
| | | | | | |
| 飲む | 飲料・酒ストック | 水 | | | |
| | | 缶（ビール・ジュース） | | | |
| | | 瓶（お酒・ワイン） | | | |
| | | 箱（ビール・水・ワイン） | | | |
| | | | | | |
| | | | | | |
| 保存する | 保存容器 | 食品保存容器 | | | |
| | | キャニスター | | | |
| | | 空き瓶 | | | |
| | | | | | |
| 盛る・よそう | 和食器 | 大皿 | | | |
| | | 中皿・取り皿 | | | |
| | | 小皿・豆皿 | | | |
| | | 平皿 | | | |
| | | 汁椀 | | | |
| | | ごはん茶碗 | | | |
| | | 小鉢・中鉢 | | | |
| | | | | | |
| | | | | | |

| 行為 | 分類 | モノ | 整理処分 | 家族 | メモ |
|---|---|---|---|---|---|
| 盛る・よそう | 洋食器 | ガラス皿 | | | |
| | | ケーキ皿 | | | |
| | | 洋食器皿　大・中 | | | |
| | | プレート・仕切り皿 | | | |
| | | ガラス食器 | | | |
| | | | | | |
| | | | | | |
| | その他食器 | 木製食器 | | | |
| | | フリーボウル・カップ | | | |
| | | 耐熱皿(グラタン皿) | | | |
| | | ラーメンどんぶり | | | |
| | | 麺鉢・丼 | | | |
| | | スープ皿 | | | |
| | | そばちょこ | | | |
| | | 片口(大小) | | | |
| | | 茶碗蒸し用 | | | |
| | | 菓子皿 | | | |
| | | ココット | | | |
| | | エッグスタンド | | | |
| | | ガラスピッチャー | | | |
| | | 酒器(升) | | | |
| | | 重箱・お正月用品 | | | |
| | | 子ども用食器 | | | |
| | | | | | |
| 注ぐ・飲む | グラス類 | グラス | | | |
| | | ワイングラス | | | |
| | | ビールグラス | | | |
| | | マグカップ | | | |
| | | カップ・ソーサー | | | |
| | | 日本酒容器 | | | |
| | | 湯呑 | | | |
| | | 茶托 | | | |
| | | 急須 | | | |
| | | ティーポット | | | |
| | | コーヒーポット | | | |
| | | ミルク入れ | | | |
| | | | | | |
| | | | | | |

| 行為 | 分類 | モ ノ | 整理処分 | 家族 | メ モ |
|---|---|---|---|---|---|
| 食事する | カトラリー | 箸 | | | |
| | | 箸　客用 | | | |
| | | 箸置き | | | |
| | | ナイフ・フォーク | | | |
| | | フォーク小 | | | |
| | | フォーク(デザート用、菓子用) | | | |
| | | スプーン大 | | | |
| | | スプーン小 | | | |
| | | | | | |
| | | | | | |
| お弁当食べる・つくる | お弁当用品 | お弁当箱 | | | |
| | | お弁当用箸 | | | |
| | | お弁当包み(布・袋) | | | |
| | | お弁当用ランチョンマット | | | |
| | | 水筒・ステンレスボトル | | | |
| | | スティック・バラン・カップ | | | |
| | | 型抜き・はさみ | | | |
| | | | | | |
| | | | | | |
| 用途により使う | キッチン消耗品 | 割り箸 | | | |
| | | 紙コップ | | | |
| | | 紙皿 | | | |
| | | ようじ・竹串 | | | |
| | | | | | |
| | リネン | ランチョンマット | | | |
| | | テーブルクロス | | | |
| | | ふきん | | | |
| | | 手拭きタオル | | | |
| | | | | | |
| | その他 | おぼん | | | |
| | | イベント用品(クリスマス飾り) | | | |
| | | カセットコンロ・ボンベ | | | |
| | | | | | |
| 料理する | お菓子・パン用品 | お菓子の型(ケーキ・タルト・ゼリー) | | | |
| | | 口金・絞り出し袋・製菓用筆 | | | |

| 行為 | 分類 | モノ | 整理処分 | 家族 | メモ |
|---|---|---|---|---|---|
| 料理する | お菓子・パン用品 | パン作り用具(型・布・スケッパー等) | | | |
| | | | | | |
| | キッチン用家電 | 冷蔵庫 | | | |
| | | 電子レンジ | | | |
| | | 炊飯器 | | | |
| | | トースター | | | |
| | | 電子ポット | | | |
| | | コーヒーメーカー | | | |
| | | ジューサーミキサー | | | |
| | | ホームベーカリー | | | |
| | | ハンドミキサー | | | |
| | | フードプロセッサー | | | |
| | | ホットプレート | | | |
| | | | | | |
| | | | | | |
| 洗濯する | 洗濯用品 | 洗濯用洗剤・デリケート用洗剤 | | | |
| | | 洗剤ストック | | | |
| | | 柔軟剤 | | | |
| | | 洗濯のり | | | |
| | | 洗濯ネット | | | |
| | | 洗濯かご | | | |
| | | 脱衣かご | | | |
| | | 漬け置き桶 | | | |
| | | 洗濯板・ブラシ | | | |
| | | ゴム手袋 | | | |
| | | | | | |
| | | | | | |
| | 洗濯家電 | 洗濯機 | | | |
| | | 乾燥機 | | | |
| 干す | 干す用品 | ハンガー | | | |
| | | ピンチハンガー | | | |
| | | 物干し用ハンガー | | | |
| | | 洗濯バサミ | | | |
| | | | | | |
| | | | | | |
| 洋服の手入れ | アイロン・裁縫用品 | アイロン | | | |
| | | アイロン台 | | | |

| 行為 | 分類 | モ ノ | 整理処分 | 家族 | メ モ |
|---|---|---|---|---|---|
| 洋服の手入れ | アイロン・裁縫用品 | 裁縫道具 | | | |
| | | ミシン・布 | | | |
| | | | | | |
| | | | | | |
| 掃除 | 掃除用品 | 雑巾・クロス | | | |
| | | 掃除用洗剤 | | | |
| | | ガラス磨き用洗剤 | | | |
| | | 掃除用スポンジ・ブラシ | | | |
| | | 床用ワックス | | | |
| | | 重曹 | | | |
| | | フロアモップ・シート | | | |
| | | ほうき・ちりとり(室内用) | | | |
| | | バケツ | | | |
| | | ゴム手袋 | | | |
| | | | | | |
| | | | | | |
| トイレ掃除 | トイレ用品 | トイレ用洗剤・ブラシ | | | |
| | | トイレ用タオル替え | | | |
| | | トイレットペーパー | | | |
| | | 生理用品 | | | |
| | | | | | |
| 掃除する | 掃除機 | 掃除家電 | | | |
| | | ハンディー掃除機 | | | |
| | | ロボット掃除機 | | | |
| | | 掃除機用変えパック・部品 | | | |
| | | | | | |

### ③暮らし生活用品（洗面脱衣室・リビング個室）

| 行為 | 分類 | モ ノ | 整理処分 | 家族 | 名前 | | | | メ モ |
|---|---|---|---|---|---|---|---|---|---|
| 洗顔・歯磨き・身体のケア | 洗面用品 | 歯ブラシ・歯間ブラシ | | | | | | | |
| | | 歯みがき粉 | | | | | | | |
| | | コンタクトレンズ用品・洗浄保存液 | | | | | | | |
| | | うがい薬 | | | | | | | |
| | | 化粧品・化粧道具・スキンケア | | | | | | | |

| 行為 | 分類 | モノ | 整理処分 | 家族 | | | | | メモ |
|---|---|---|---|---|---|---|---|---|---|
| 洗顔・歯磨き・身体のケア | 洗面用品 | 洗顔クリーム・パウダー | | | | | | | |
| | | ひげそり用品 | | | | | | | |
| | | コットン | | | | | | | |
| | | 綿棒 | | | | | | | |
| | | ヘアブラシ | | | | | | | |
| | | ヘアドライヤー | | | | | | | |
| | | ヘアケア用品 | | | | | | | |
| | | 散髪用具 | | | | | | | |
| | | 爪切り | | | | | | | |
| | | 体重計 | | | | | | | |
| | | | | | | | | | |
| | | | | | | | | | |
| | | | | | | | | | |
| 入浴する | 入浴用品 | シャンプー・コンディショナー | | | | | | | |
| | | ボディーソープ | | | | | | | |
| | | シャワーキャップ | | | | | | | |
| | | 石けん | | | | | | | |
| | | 入浴剤 | | | | | | | |
| | | 入浴用品ストック | | | | | | | |
| | | 持ち運び用お風呂セット | | | | | | | |
| | | バスマット | | | | | | | |
| | | バスタオル | | | | | | | |
| | | タオル | | | | | | | |
| | | | | | | | | | |
| | | | | | | | | | |
| くつろぐ・楽しむ | 趣味(室内)・お楽しみ用品 | ボディケア(美顔・ネイル等) | | | | | | | |
| | | アロマ | | | | | | | |
| | | 人形・フィギュア・飾り物 | | | | | | | |
| | | 音楽用品(スピーカー・CD等) | | | | | | | |
| | | DVD | | | | | | | |
| | | リモコン | | | | | | | |
| | | 雑誌 | | | | | | | |
| | | 本・漫画 | | | | | | | |
| | | 手芸・ビーズ・洋裁 | | | | | | | |
| | | 楽器(楽譜) | | | | | | | |
| | | 室内用運動用品(マット・器具) | | | | | | | |
| | | おもちゃ・パズル・絵本 | | | | | | | |
| | | ゲーム機 | | | | | | | |

| 行為 | 分類 | モ ノ | 整理処分 | 家族 | | | | | | メ モ |
|---|---|---|---|---|---|---|---|---|---|---|
| くつろぐ・楽しむ | 趣味（室内）・お楽しみ用品 | ゲームソフト | | | | | | | | |
| | | カメラ・三脚 | | | | | | | | |
| | | ビデオ | | | | | | | | |
| | | ひざかけ | | | | | | | | |
| | | | | | | | | | | |
| | | | | | | | | | | |
| パソコンを使う | パソコン周辺機器 | パソコン・タブレット | | | | | | | | |
| | | プリンター | | | | | | | | |
| | | コピー用紙・インク | | | | | | | | |
| | | スキャナー | | | | | | | | |
| | | 充電器 | | | | | | | | |
| | | ヘッドフォン・マイク | | | | | | | | |
| | | Wi-Fi等通信機器 | | | | | | | | |
| | | 電子コード類 | | | | | | | | |
| | | | | | | | | | | |
| | | | | | | | | | | |
| 通信 | 電話 | 固定電話・FAX | | | | | | | | |
| | | 携帯電話用品（充電器・イヤフォン） | | | | | | | | |
| | 手紙 | 届いた郵便・年賀状 | | | | | | | | |
| | | 便箋・封筒・はがき・切手・のり | | | | | | | | |
| | | | | | | | | | | |
| 書く | 文房具 | 筆記用具 | | | | | | | | |
| | | 紙・ノート | | | | | | | | |
| | | ハサミ・カッター・替刃・ホチキス | | | | | | | | |
| | | のり・セロテープ・マスキングテープ | | | | | | | | |
| | | | | | | | | | | |
| | | | | | | | | | | |
| 書類を管理する | 書類 | 子ども関係 | | | | | | | | |
| | | 仕事関係 | | | | | | | | |
| | | 取扱い説明書 | | | | | | | | |
| | | 家計・利用明細 | | | | | | | | |
| | | 福祉・医療関係 | | | | | | | | |
| | | 地域関係 | | | | | | | | |
| | | | | | | | | | | |
| | | | | | | | | | | |

| 行為 | 分類 | モ ノ | 整理処分 | 家族 | | | | | メ モ |
|---|---|---|---|---|---|---|---|---|---|
| 書類を管理する | 重要書類 | 通帳・印鑑等・マイナンバーカード | | | | | | | |
| | | 書類(住宅) | | | | | | | |
| | | 書類(年金・保険・契約書・金融) | | | | | | | |
| | | パスポート | | | | | | | |
| | | | | | | | | | |
| | | | | | | | | | |
| 仕事する | 仕事用 | パソコン・タブレット | | | | | | | |
| | | 書籍 | | | | | | | |
| | | 書類 | | | | | | | |
| | | 文具 | | | | | | | |
| | | | | | | | | | |
| | | | | | | | | | |
| 学ぶ | 学習用品 | 学習テキスト・ノート | | | | | | | |
| | | 学習教材(玩具・DVD) | | | | | | | |
| | | | | | | | | | |
| | | | | | | | | | |
| 勉強・支度する | 子供用品 | 学校用パソコン・タブレット | | | | | | | |
| | | 教科書・ノート | | | | | | | |
| | | 学校カバン(ランドセル) | | | | | | | |
| | | 学校用品( ) | | | | | | | |
| | | 学習用文具 | | | | | | | |
| | | 学習用書籍・参考書 | | | | | | | |
| | | 教材 | | | | | | | |
| | | 塾・お稽古関連 | | | | | | | |
| | | | | | | | | | |
| | | | | | | | | | |
| 包装する・あげる | 袋類 | 空き箱 | | | | | | | |
| | | 紙袋 | | | | | | | |
| | | リボン | | | | | | | |
| | | ラッピング用品 | | | | | | | |
| | | | | | | | | | |
| | | | | | | | | | |
| 飼う | ペット用品 | ペット用ケアアイテム | | | | | | | |
| | | ゲージ・水槽 | | | | | | | |
| | | ベッド | | | | | | | |
| | | 餌 | | | | | | | |
| | | トイレアイテム | | | | | | | |
| | | おもちゃ | | | | | | | |

| 行為 | 分類 | モ ノ | 整理処分 | 家族 | | | | | | メ モ |
|---|---|---|---|---|---|---|---|---|---|---|
| 飼う | ペット用品 | 散歩グッズ | | | | | | | | |
| | | | | | | | | | | |
| | | | | | | | | | | |
| | | | | | | | | | | |
| 身体をケアする | 衛生用品 | 除菌スプレー・シート | | | | | | | | |
| | | マスク | | | | | | | | |
| | | ケアアイテム(耳かき・爪切り・体温計) | | | | | | | | |
| | | 常備薬 | | | | | | | | |
| | | お薬手帳・診察券 | | | | | | | | |
| | | 救急セット | | | | | | | | |
| | | サプリメント | | | | | | | | |
| | | 使い捨てカイロ | | | | | | | | |
| | | 湿布 | | | | | | | | |
| | | | | | | | | | | |
| | | | | | | | | | | |
| 家のメンテナンスする | DIY・工具 | 金槌・ペンチ・のこぎり・ドライバー | | | | | | | | |
| | | 針金・紙やすり・家具部品 | | | | | | | | |
| | | ペンキ・はけ | | | | | | | | |
| | | 接着剤 | | | | | | | | |
| | | 脚立 | | | | | | | | |
| | | フック・画鋲・釘 | | | | | | | | |
| | | 軍手 | | | | | | | | |
| | | 電池・電球類 | | | | | | | | |
| | | 延長コード・アダプタープラグ | | | | | | | | |
| | | | | | | | | | | |
| | | | | | | | | | | |
| 荷物を出す | 荷造り品 | 梱包材・クッション材 | | | | | | | | |
| | | ガムテープ | | | | | | | | |
| | | 紐 | | | | | | | | |
| | | 送り状 | | | | | | | | |
| | | | | | | | | | | |
| | | | | | | | | | | |
| 用途に合わせ使う | その他 | ガーデニング用品(肥料・スコップ) | | | | | | | | |
| | | 害虫駆除用品(蚊取り線香・フマキラー) | | | | | | | | |
| | | 防虫剤(洋服用・人形用) | | | | | | | | |
| | | お墓参用品 | | | | | | | | |
| | | | | | | | | | | |
| | | | | | | | | | | |

■**④ストック・季節用品** ※数の多いモノは✔を入れてすすめてみても

| 分類 | モ　ノ | 数単位 | サイズ　W(幅)×D(奥行)×H(高さ) | メ　モ |
|---|---|---|---|---|
| まとめ買いストック品 | ビール | | | |
| | 水(ウォーターサーバー用) | | | |
| | トイレットペーパー | | | |
| | ティッシュペーパー | | | |
| | キッチンペーパー | | | |
| | 紙おむつ | | | |
| | 生理用品 | | | |
| | ペットシーツ | | | |
| | ペット用餌 | | | |
| | | | | |
| | | | | |
| 寝具 | 掛布団(シーズンオフ) | | | |
| | 敷布団 | | | |
| | 毛布・タオルケット | | | |
| | 替えシーツ・枕カバー | | | |
| | 来客用寝具一式 | | | |
| | | | | |
| | | | | |
| 季節家電 | 扇風機 | | | |
| | 暖房機 | | | |
| | 加湿器 | | | |
| | 除湿器 | | | |
| | ホットカーペット | | | |
| | こたつ | | | |
| | | | | |
| | | | | |
| インテリア | ラグ・カーペット | | | |
| | 額(絵・イラスト) | | | |
| | 装飾品 | | | |
| | 花瓶 | | | |
| | カーテン | | | |
| | すだれ | | | |
| | クッション | | | |
| | 座布団 | | | |
| 災害用品・備蓄 | 水 | | | |
| | 食品 | | | |
| | 救急用品 | | | |

| 分類 | モノ | 数単位 | サイズ　W(幅)×D(奥行)×H(高さ) | メ モ |
|---|---|---|---|---|
| 災害用品・備蓄 | 生活用品 | | | |
| | 衛生用品 | | | |
| | 防災装備 | | | |
| | 非常用ライト | | | |
| | 電池 | | | |
| | 非常用持ち出し袋 | | | |
| | 非常用トイレ | | | |
| | | | | |
| | | | | |
| 節句・イベント | ひな人形 | | | |
| | 五月人形 | | | |
| | こいのぼり | | | |
| | クリスマス用品(ツリー) | | | |
| | お正月用品 | | | |
| | ハロウィン用品 | | | |
| | パーティー用品 | | | |
| | | | | |
| | | | | |
| 旅行用品 | スーツケース　大 | | | |
| | スーツケース　中 | | | |
| | スーツケース　小 | | | |
| | 旅行用カバン | | | |
| | 旅行用品 | | | |
| | | | | |
| | | | | |
| 趣味(室外)・お楽しみ用品 | テント | | | |
| | 寝袋 | | | |
| | キャンプ用品 | | | |
| | アウトドア用テーブル・椅子 | | | |
| | ゴルフ用品 | | | |
| | スキー・スノーボード用品 | | | |
| | (　　　　　　　　　　)用品 | | | |
| | (　　　　　　　　　　)用品 | | | |
| | 応援グッズ | | | |
| | レジャー用品(敷物等) | | | |
| | | | | |
| | | | | |

| 分類 | モノ | 数単位 | サイズ　W(幅)×D(奥行)×H(高さ) | メ モ |
|---|---|---|---|---|
| 思い出品 | 思い出(　　　　　) | | | |
| | 思い出(　　　　　) | | | |
| | 書類(手帳・日記) | | | |
| | アルバム | | | |
| | 写真 | | | |
| | 記念 | | | |
| | はがき・手紙 | | | |
| | 形見 | | | |
| | DVD・ビデオテープ | | | |
| | | | | |
| | | | | |
| 一時保管 | 空き箱(ゲーム・電子機器) | | | |
| | 販売・バザーに出すモノ | | | |
| | | | | |
| | | | | |

## ■⑤家具・家電・インテリア用品

| 分類 | モ ノ | 数単位 | サイズ　W(幅)×D(奥行)×H(高さ) | メ モ |
|---|---|---|---|---|
| 洗面・ランドリー | 洗濯機 | | | |
| | 乾燥機 | | | |
| | 室内用物干しハンガー | | | |
| | ランドリーラック | | | |
| | チェスト | | | |
| | | | | |
| | | | | |
| キッチン・ダイニング | ダイニングテーブル | | | |
| | 椅子 | | | |
| | 食器棚 | | | |
| | 冷蔵庫 | | | |
| | 電子レンジ | | | |
| | トースター | | | |
| | 炊飯器 | | | |
| | ゴミ箱 | | | |
| | 家電用ラック | | | |
| | | | | |
| | | | | |
| | | | | |

| 分類 | モノ | 数単位 | サイズ　W(幅)×D(奥行)×H(高さ) | メモ |
|---|---|---|---|---|
| リビング | テレビ | | | |
| | DVD等プレイヤー | | | |
| | テレビ台 | | | |
| | ソファー | | | |
| | ローテーブル | | | |
| | サイドテーブル・ラック | | | |
| | リクライニングチェア | | | |
| | ワゴン | | | |
| | 棚 | | | |
| | スチールラック | | | |
| | チェスト・キャビネット | | | |
| | 電話台 | | | |
| | ワークデスク | | | |
| | 椅子 | | | |
| | | | | |
| | | | | |
| 仕事コーナー | Wi-Fiルーター | | | |
| | PC(デスクトップ) | | | |
| | プリンター | | | |
| | PC(ノート) | | | |
| | スキャナ | | | |
| | 仕事用机(パソコン台) | | | |
| | 仕事用チェア | | | |
| | 棚 | | | |
| | | | | |
| | | | | |
| 寝室・洋服コーナー | ベッド | | | |
| | チェスト | | | |
| | タンス | | | |
| | ワードローブ | | | |
| | 押入れ用収納ケース | | | |
| | クローゼット用収納ケース | | | |
| | カラーボックス | | | |
| | ストレージボックス | | | |
| | ハンガーラック | | | |
| | クローゼットハンガー | | | |
| | 鏡 | | | |
| | | | | |

| 分類 | モ ノ | 数単位 | サイズ W(幅)×D(奥行)×H(高さ) | メ モ |
|---|---|---|---|---|
| 子供部屋・コーナー | ベッド | | | |
| | 2段ベッド | | | |
| | 収納チェスト・ラック | | | |
| | 学習机 | | | |
| | 椅子 | | | |
| | 衣類収納 | | | |
| | おもちゃ・絵本収納 | | | |
| | | | | |
| | | | | |
| ペットコーナー | ゲージ | | | |
| | 水槽 | | | |
| | トイレ | | | |
| | | | | |
| | | | | |
| その他 | 仏壇 | | | |
| | ピアノ | | | |
| | 着物用タンス | | | |
| | | | | |
| | | | | |
| 収納用品 | 収納ケース | | | |
| | クローゼット用収納ケース | | | |
| | 押入れ用収納ケース | | | |
| | | | | |
| | | | | |
| | | | | |

## 持ち物リストをつくり終えて

★感想や今後の生活への改善項目などメモしましょう。

m　e　m　o

### 不燃物処分

### リサイクルショップ
・連絡先や定休日のメモ

### 購入予定品

### その他

# 4 | 動線とゾーニング

　家の中を歩く道筋を動線といいますが、動線のいい収納をつくるには行為（すること）からこの距離が短いほど動作の負担が楽になるので、いつどこで誰が何をしているのか考えることが大切です。

　リビングでは食事、勉強、仕事と家族がさまざまなことをするので、空間を行為のゾーンごとに区切ってそこで使うモノをいちばん近くに収納します。入浴時は脱衣スペースで洋服を脱ぎ着するため、タオルや下着、部屋着の収納先を洗面所にすれば動線がよく便利です。

## ■ 動線の一覧表

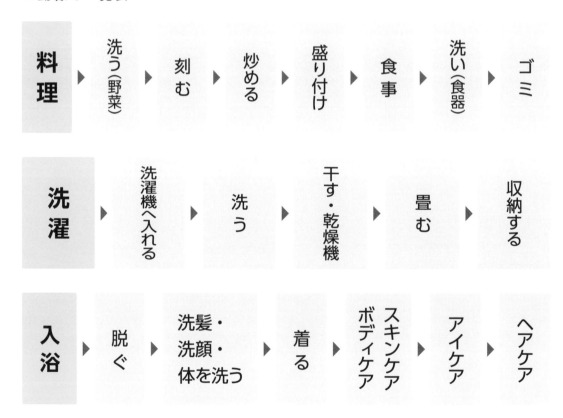

**料理** ▶ 洗う（野菜） ▶ 刻む ▶ 炒める ▶ 盛り付け ▶ 食事 ▶ 洗い（食器） ▶ ゴミ

**洗濯** ▶ 洗濯機へ入れる ▶ 洗う ▶ 干す・乾燥機 ▶ 畳む ▶ 収納する

**入浴** ▶ 脱ぐ ▶ 洗髪・洗顔・体を洗う ▶ 着る ▶ スキンケア ボディケア ▶ アイケア ▶ ヘアケア

　家事はそれぞれが同時進行でいろいろなことをするため、家事の動きをシミュレーションして動きやすいか確認します。

　一人ひとりの動きを間取り図の上でなぞってみると、動線と収納に適した位置がわかってきます。

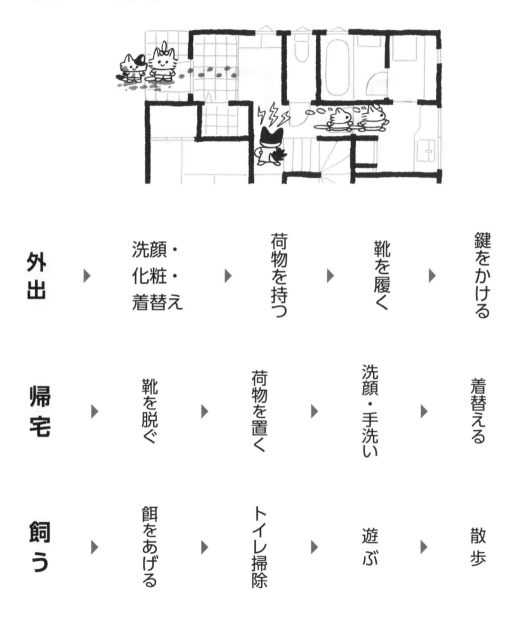

外出　▶　洗顔・化粧・着替え　▶　荷物を持つ　▶　靴を履く　▶　鍵をかける

帰宅　▶　靴を脱ぐ　▶　荷物を置く　▶　洗顔・手洗い　▶　着替える

飼う　▶　餌をあげる　▶　トイレ掃除　▶　遊ぶ　▶　散歩

# 5 「収納マップ®」のつくり方

　今の家と新居の「収納マップ®」を2枚つくります。間取り図がなくても収納がわかればいいので、手書きでも十分です。まずは現状把握のため「今の家」の「収納マップ®」から書いていきます。

## ★ 今の家の「収納マップ®」（現状把握）

**【目的】各部屋でしていることや、家中の収納とモノを書き出すことで今の暮らしを俯瞰できる。家づくりの打ち合わせで、担当者に今の暮らしを具体的に伝えられるのでわが家にあった間取りと収納が提案されやすくなる。**

　今の家の「収納マップ®」を見ればどこに何が収納され何が片付かないのか家族全員で把握できるので、家中にあるモノを持ち物リストで棚卸ししながら、それぞれが新居で必要な量と使いやすい収納先を考えることができます。「収納マップ®」を進めるうちに、実は家具だらけ、造り付け収納・スペースが足りない、収納予定と違うモノが入っていたなど、収納の問題点に気づくことができます。

**1** 間取り図の収納に色を塗る
造り付け収納■
（例）押入れ・クローゼット、床下収納 など
置き家具を間取り図に書き足し■で塗る

**2** 水まわりは■を塗る
洗面台は収納できるので水まわり以外は
収納の色■を塗る
（例）トイレ・お風呂・洗濯機・冷蔵庫
※著者は造り付け収納をピンク系、置き家具を茶系、
　水まわりを水色系で色分けを実施

**3** 各部屋の利用目的や
そこで家族が行っていることを書き出す
（例）○○寝る・仕事・勉強・ゲーム など

**4** 間取り図の収納部分に収納しているモノを書いていく。モノが多い場合は
収納場所に数字を書いていき、欄外にまとめてその数字の場所に入っているモノを
書くのもおすすめ　※詳しく書けないモノは、持ち物リストの分類単位で記入。
何が入っているかわからないところは「?」マークを黄色で囲み、
後で収納の中を確認しながら整理する

＊ストック
常温食品
お菓子
お酒・お茶

衛生用品
マスク・ハンカチ
文具・書類
アルバム・手紙

ゲーム・カメラ
DVD・おもちゃ
PC
周辺機器

食事
パソコン
勉強

ゲーム
くつろぐ

親
寝る
着替え

布団・シーツ
夫　＊かける服
　　＊たたむ服
　　下着・バッグ

妻　＊かける服
　　帽子
　　小物
　　バッグ

本
アイロン
?

妻　＊たたむ服
　　下着・干す用品

① 電子レンジ、炊飯器、トースター、ポット、食器・グラス
　お弁当グッズ、カトラリー、ごみ箱2個

② 日用消耗品、災害用品、掃除機、掃除用品
　イス・クーラーボックス、応援グッズ

**5** 持ち物リストに追加したいモノは同じグループと思う行に追記する
詳しく書きたいモノは、メモ欄に記入
(例) 応援グッズ　クーラーボックス（サイズ）、折りたたみ椅子×2、うちわ

| 室外・お楽しみ用品 | スキー・スノボー用品 | | | |
|---|---|---|---|---|
| | (　　　　　)用品 | | | |
| | (　　　　　)用品 | | | |
| | 応援グッズ | 1 | W580 × D395 × H430 | クーラーボックス、帽子×2、うちわ |
| | レジャー用品(敷物等) | 3 | | |
| | サッカーボール | 2 | | |

**6** 家具や家電など大きなモノはサイズ（幅 W ×奥行き D ×高さ H）を
リストに記入。新居で使わないモノも、粗大ゴミの処分の申し込みをする際に
サイズが必要なので記入しておくと便利

## ★ 新居の「収納マップ®」

**【目的】** 間取りを決める際に、水まわりや造り付け収納に色を塗ると図面を見慣れていなくても収納できる場所がどのくらいあるのかひと目でわかる。「今の家の収納マップ」をもとに家族の行為を記入し動線を確認すると、新居で家族がどう暮らすのかイメージがしやすく、適切な収納場所がわかる。

つくり方①〜③を終えた時点で暮らしやすい間取りだと思うなら、いよいよ④の持ち物リストから、ピンク色に塗った収納へモノを書き込んでいきます。

収納が足りない場所は置き家具でモノが収まれば片付く間取りということがわかります。置き家具を設置したい壁の長さも確認しておきましょう。

**新居の「収納マップ®」づくりの例をみてみましょう。**

### 家族構成

**夫**(38歳) 会社員(飲食業) スポーツ好きで、部活にも積極的に関わる

**妻**(36歳) パート 休日は、子どもの部活サポートと応援で忙しい

**長女**(小学5年) バスケットボール部 自分一人の部屋が欲しい様子

**長男**(小学3年) サッカー部 友達と部活や外遊び、ゲームをするのが大好き

### 新居への要望

◎ 長女が中学生になる前に、
　 個室をつくってあげたいと家を建てることに

◎ 子どもたちがスポーツをしているので、毎日の洗濯物の量が多く大変

◎ 子どもたちには帰宅したらお風呂場へ直行して欲しい

◎ 子どもたちが食べ盛りなので、
　 買い置きの食品をたくさん置けるパントリーが欲しい

## 【テーマ】 洗濯動線の楽な家

　家族の要望をもとに、次のような間取りと「収納マップ®」をつくりました。まずは**動線の確認**です。

　子どもが帰った時の動線を考え、泥だらけのまま真っすぐお風呂場へ直行し、シャワーを浴びたらランドリールームに置いてある下着と部屋着に着替えます。

# ■ 完成した「収納マップ®」

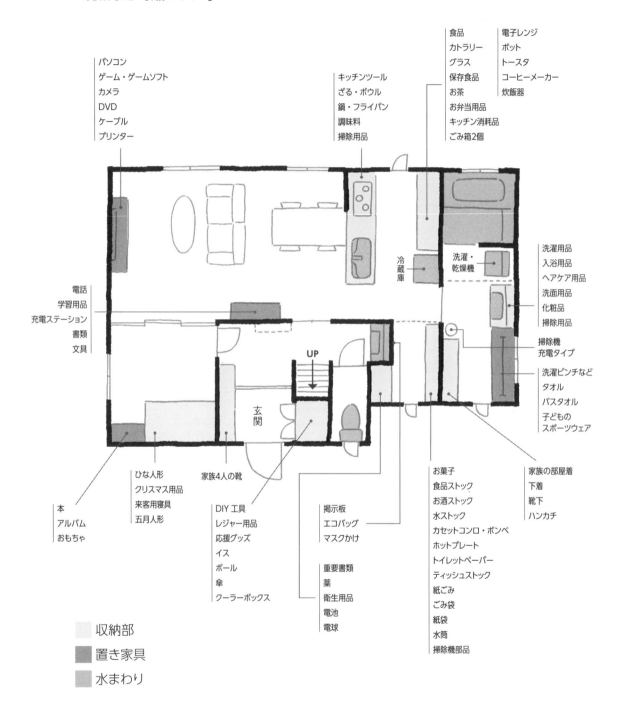

パソコン
ゲーム・ゲームソフト
カメラ
DVD
ケーブル
プリンター

キッチンツール
ざる・ボウル
鍋・フライパン
調味料
掃除用品

食品
カトラリー
グラス
保存食品
お茶
お弁当用品
キッチン消耗品
ごみ箱2個

電子レンジ
ポット
トースタ
コーヒーメーカー
炊飯器

冷蔵庫

洗濯・
乾燥機

洗濯用品
入浴用品
ヘアケア用品
洗面用品
化粧品
掃除用品

電話
学習用品
充電ステーション
書類
文具

掃除機
充電タイプ

洗濯ピンチなど
タオル
バスタオル
子どもの
スポーツウェア

UP

玄関

ひな人形
クリスマス用品
来客用寝具
五月人形

本
アルバム
おもちゃ

家族4人の靴

DIY工具
レジャー用品
応援グッズ
イス
ボール
傘
クーラーボックス

掲示板
エコバッグ
マスクかけ

重要書類
薬
衛生用品
電池
電球

お菓子
食品ストック
お酒ストック
水ストック
カセットコンロ・ボンベ
ホットプレート
トイレットペーパー
ティッシュストック
紙ごみ
ごみ袋
紙袋
水筒
掃除機部品

家族の部屋着
下着
靴下
ハンカチ

■ 収納部
■ 置き家具
■ 水まわり

次に、**収納計画**です。

脱衣所には、タオル、下着、靴下、部屋着などを収納する棚を設置します。脱衣所で洗濯から乾燥まででき、この場所で畳んで収納までできます。窓と換気扇があるので、乾燥機を使わないモノはここで干せます。脱衣所と洗面所の間は、視線が気にならないようにロールスクリーンを設置しました。また、すぐに掃除機がかけられるように、入り口を入ってすぐのところに充電タイプの掃除機を置きます。

食品の買い置き、日用品のストックやリビングで時々使うモノをひとまとめに収納できるように、パントリー兼リビング・クローゼットをつくりました。

玄関に下駄箱とは別に収納をつくり、部活の応援に持っていくクーラーボックス、椅子、ボールなど外で使うモノを収納。収納したいモノから可動棚の奥行きを決めました。

畳スペース横の押入れは、布団一組とクリスマス用品や節句用品を収納。その横には棚を置いて、本や子どもの作品を飾る予定です。この先、仏壇を置くならこの場所へと考えています。

帰宅したらお風呂に入る、洗濯物を干して畳んで収納、勉強するなど、今の生活の一連の流れや家族それぞれの動線を新しい間取りの上で確認すれば、引っ越し後にこんなはずではなかった…といったことがなくなります。

新居への要望をもとに動線と収納を考えたので、みんなが使いやすい間取りができ暮らしやすい家になりました。

実際に書き出すと家の中にあるモノがよくわかるんだ。

# 6 ｜「収納マップ®」よくあるQ&A

## ■ 持ち物リスト

**Q.1** 持ち物リストを見ても、持っているかわからないモノは
確認しないといけませんか?

**A.1** リストを見ても持っているか思い出せないモノは、しばらく使っていないモノです。処分·整理に
チェックを入れて進めます。

**Q.2** リストが細かすぎてチェックするのが大変です。

**A.2** 家を建てるタイミングで荷物を見直すことは、片付けやすい家をつくるための土台になるので、
頑張って一通り表を見てみましょう。持ち主ごとの色分けまではせずに、家族の欄に持ってい
るとわかるように✔印をつけるだけでも構いません。

**Q.3** 持ち物リストにないモノがあります。どうすればいいでしょう。

**A.3** 書き足したいと思うモノは、行為と分類から同じグループと思う行やメモへ記入します。

## ■「収納マップ®」

**Q.4** 今の家の収納を開けたら何が入っているのか
全くわかりません。どうやって書けばいいですか?

**A.4** 「?」マークを書き黄色で囲み、まずは目についたモノをいくつか書いておきます。
なるべく早い段階で整理して、入っているモノを把握しましょう。

**Q.5** 今の家の収納を書くうちに、モノが多いことがわかり
処分や整理から始めたくなりました。

**A.5** 整理したくなるのは「収納マップ®」効果の一つです。
とても良いことなので、やる気を大切にして書くのを
一旦中断して気になるところの整理をしましょう。

**Q.6 今の家の「収納マップ®」を書く時は、収納場所を見に行きながら書くのですか？**

A.6 事前に写真を撮っておくと書きやすいです。毎日見ているはずなのに覚えていないこともあるので、各部屋の全体写真と収納の中を開けたところを用意してから書くとスムーズです。

**Q.7 洋服収納の場所は決まりました。ウォークインクローゼットをつくったので、今より収納は大きくなるのですが、収まる量なのかわかりません。**

A.7 今の家の洋服がかかっているポールの幅で比較しましょう。気をつけてほしいのは、ポールにギュウギュウに洋服がかかっているなら適正量ではないので、左右に動かせる状態で何cmのポール幅が必要なのかで考えます。あちこちに洋服をかけてある人は、全部の幅を足します。クローゼットの下に収納を入れている人は、新居のクローゼット下にも収納ボックスを記入。

**Q.8 新居の「収納マップ®」を書いていたら、持っているモノが全て入らなそうです。収納を増やしたくないのですがどうしたらいいでしょう。**

A.8 持ち物と収納量が合わない場合は、収納に合わせてモノを減らすことをおすすめします。持ち物リストの家族や個人の欄に、生活に必要と思う数を記入します。今使っているモノでもなくても困らないモノはあるかもしれません。例えば「食品保存容器は足りなければ保存袋を使おう！」と代用できるモノがないか考えましょう。

**Q.9 どこで何をするか家の中の動きを確認したところ、使いたいところの近くに収納がありませんでした。**

A.9 間取り変更が可能な時期なら収納したいモノを設計担当者に伝え相談しましょう。家具で収納を増やす場合は、家具を置くスペースの確認も忘れずに。

**Q.10 新居の収納が全く足りず、モノを入れる場所がないのですが、予算の関係で収納を増やせません。**

A.10 引っ越し後に困らないように、収納は置き家具を活用し、「収納マップ®」に記入して完成させます。収納したいモノが収まる家具と配置を決めますが、窓の高さや通路幅の関係もあるので、家具が入るか設計担当者に確認しましょう。引っ越し後に家具を購入する場合も、家具サイズを持ち物リストに記入しましょう。

**Q.11 間取り図上に「収納マップ®」をつくろうと思ってもモノが多くて書ききれません。**

A.11 細かく書く必要はないので、キッチンツール、文房具、といった分類だけで記入します。スーツケースのように大きなモノは、旅行用品にまとめずに記入することをおすすめします。細かいルールはないので、後から見た時に収納に何が入っているのかわかれば充分です。

# 生活が楽になるモノのまとめ方

**新**居に今の暮らしを載せ替えるために、日々家族が家の中でどんな動きをしているのか観察してみましょう。

毎朝の生活習慣は、新しい家に引っ越しても大きくは変わりません。

── 起きて、最初に洗面所で顔を洗ってお湯を沸かしてコーヒーを入れながら朝食の用意をし、子どもを起こして着替えをさせて朝ごはんを食べさせながら自分は化粧と着替えをして、子どもの検温をしてノートに書き込み靴を履いて出かける ──

忙しい朝こそ、多くのモノを使っては戻すという動作を繰り返しています。その動作が楽になればなるほど片付いた家が維持できるので、家の中でのいつもの行為や動く順番を考えながら、使うモノが使う場所の近くに置けるように収納をつくります。そのために、今の家での動きとその時々に使っているモノを書き留めておくのです。

収納場所に置くモノは、一緒に使う物・同じ種類・使う人・色・形と、グループごとにまとめるところからはじまります。整理するときに不可欠なのがグルーピングです。整理したい場所のモノを全て出し、使っているか使っていないかで整理した後は、同じ種類、一緒に使う物でグループをつくり、グループごとに使う場所の近くへ収納するところを決める。この順番がとても大切です。

家のなかで使うモノは入れ替わりますが、その都度、モノのグループを崩さないようにしながら移動させたり、グループ同士を入れ替えたりして収納先を見直していきます。

第4章
「収納マップ®」をつくってみた

# 事例 1 過去 － 現在 － 未来を見越した「収納マップ®」づくり

## 家族構成

**夫**(32歳) 会社員 技術職
テレワークの時もある　趣味：ゲーム , 漫画 , サッカー , 筋トレ

**妻**(30歳) 会社員 事務職
趣味：SNS , ヨガ

**長女**(2歳)　**次女**(0歳)

## 過去　家族3人｜賃貸マンション住まい

　子どもが小さいうちに注文住宅を建てようと計画していました。共働きのため保育園へ送るのは夫の担当など、夫婦で協力し育児や家事をこなしながらも、仕事で忙しくなると気をつけていても家の中が散らかってしまうため、新築は片付けやすい家にしようとネットで情報を収集しじっくり検討しました。

　妻が第二子の産休育休に入るため、子どもが産まれる前に引っ越しできるように注文住宅を依頼しました。

　家族全員のライフサイクルがわかる年表をつくり、これからの家の使い方を考えてみました。

| 名　前 | 今の年齢 | 3年後(学年) | 5年後(学年) | 10年後(学年) | 15年後(学年) | 25年後(学年) |
|---|---|---|---|---|---|---|
| 西　暦 | 2021年 | 2024年 | 2026年 | 2031年 | 2036年 | 2046年 |
| 夫 | 32 | 35 | 37 | 42 | 47 | 57 |
| 妻 | 30(産休) | 33 | 35 | 40 | 45 | 55 |
| 長　女 | 2(保育園) | 5(保育園) | 7(小学3年) | 12(小学6年) | 17(高校2年) | 27(社会人) |
| 第二子妊娠中 | 0　9月出産 | 3(保育園) | 5(保育園) | 10(小学6年) | 15(中学3年) | 25(社会人) |
|  | 新築　6月 |  |  | リフォーム |  | リフォーム |

# 【新居への要望】 簡単に片付くストレスのない家

　家が狭く、子どものモノが増えてきたため気をつけていても散らかってしまいます。また、夫の仕事がテレワークに移行され、家の中で会議をする時は子どもの声が気になっていそうです。

　新居への要望は、3LDK～4LDKの間取りで、家中に温度差がなく快適に過ごせると評判の高気密・高断熱住宅。そして、片付けやすい家にしたいので収納は多め、キッチンは家族の様子を見ながら料理ができるように対面タイプ。洗濯は雨の日でも乾かせる乾燥機を設置した、家事効率のいい家。

　オンライン会議をするための個室は、大きめのパソコンデスクが入れば狭くてもOK。リビングは、将来子どもたちがリビング学習をするための机が置けるスペースや、家族が集まっても心地よく過ごせるよう出来るだけ広いスペースを希望。

　これらの要望をもとに、注文住宅を計画しました。

## 賃貸マンションの「収納マップ®」

⑤ 食器
常温食品
カトラリー

⑥ ごみ箱2個

⑦ 鍋・フライパン
キッチンツール
食品保存容器
調理道具
調味料
キッチン掃除用品
ラップ・キッチンペーパー

⑧ 妻 ＊かける服
ジャケット、コート
ワンピース
スカート、ダウン

夫 ＊かける服
ワイシャツ、コート
ダウン、スーツ
フォーマル

【下段】
シーズンオフの服
カバー、帽子

⑨ 掃除機

⑩ PC・プリンター
PC周辺機器

⑪ 本・書類

⑫ 室内干し

⑬ 洗濯バサミ
ピンチハンガー
マンガ
筋トレ用品

⑭ 夫
妻 下着・靴下
パジャマ・部屋着
スポーツウェア
Tシャツ・デニム
セータ・トレーナー

⑮ 水ストック
ティッシュストック

⑯ 妻 バッグ
アクセサリー

⑰ おもちゃ

⑱ タオル
⑲ 洗濯物
バスマット
洗剤
掃除用品
洗面用品
ドライヤー

⑳ トイレットペーパー
生理用品、掃除用品

㉑ 靴磨きセット
マスクストック
サッカーボール
靴箱

㉒ 靴3人分

㉓ 【上段】
クリスマス用品
ドレス・思い出品
スーツケース

【中段】
布団
シーツ・枕
子供服
オムツストック
おもちゃ
おしりふきストック
紙袋

【下段】
アイロン台
アイロン
扇風機1台
加湿器
ひな人形
？

① 書類
アルバム
手紙
文具
薬、マスク、カイロ

② おもちゃ
絵本

③ TV・ゲーム
DVD・CD
カメラ・電池ストック

④ 電子レンジ
トースター
炊飯器
ポット

## ■ 新築住宅の「収納マップ®」

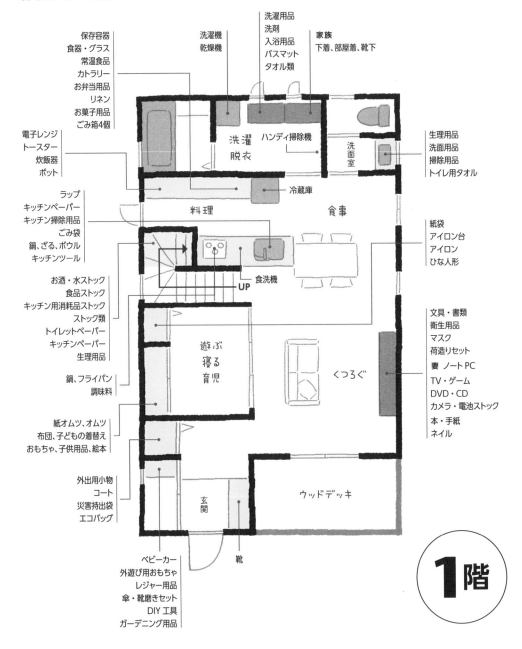

保存容器
食器・グラス
常温食品
カトラリー
お弁当用品
リネン
お菓子用品
ごみ箱4個

電子レンジ
トースター
炊飯器
ポット

ラップ
キッチンペーパー
キッチン掃除用品
ごみ袋
鍋、ざる、ボウル
キッチンツール

お酒・水ストック
食品ストック
キッチン用消耗品ストック
ストック類
トイレットペーパー
キッチンペーパー
生理用品

鍋、フライパン
調味料

紙オムツ、オムツ
布団、子どもの着替え
おもちゃ、子供用品、絵本

外出用小物
コート
災害持出袋
エコバッグ

ベビーカー
外遊び用おもちゃ
レジャー用品
傘・靴磨きセット
DIY工具
ガーデニング用品

洗濯機
乾燥機

洗濯用品
洗剤
入浴用品
バスマット
タオル類

**家族**
下着、部屋着、靴下

洗濯
脱衣　ハンディ掃除機

洗面室

生理用品
洗面用品
掃除用品
トイレ用タオル

料理　　冷蔵庫　　食事

紙袋
アイロン台
アイロン
ひな人形

食洗機
**UP**

遊ぶ
寝る
育児

くつろぐ

文具・書類
衛生用品
マスク
荷造りセット
**妻** ノートPC
TV・ゲーム
DVD・CD
カメラ・電池ストック
本・手紙
ネイル

玄関　　ウッドデッキ

靴

**1階**

## １階の収納計画と各部屋の使い方

| | |
|---|---|
| 玄関収納 | ベビーカーや子どもの外遊びのおもちゃなど、外に持ち出すモノを収納 |
| 畳スペース | 置き畳を設置。授乳、子どものお昼寝、着替えや遊びに利用<br>子どものおもちゃや、着替え類、赤ちゃん用品など収納 |
| リビング | テレビを見たり、ゲームをしたり、隣接したウッドデッキを眺めながらくつろげる空間に |
| キッチン | 買い置きが多いので、階段下をパントリーに。ごみは勝手口から出せるように<br>子どもの様子を見ながら、料理ができるカウンターキッチンと、配膳の楽な動線を意識 |
| 洗面室 | すぐに手を洗えるようにリビング横にし、<br>ゲストも使用するので日常使いのモノは2階の洗面所へ |
| 洗濯・脱衣室 | 家族の下着と部屋着はここに収納。洗濯・脱衣室を洗面室と別にすることで、<br>洗濯物がゲストの目に触れず、入浴時に誰かが洗面室に手洗いなどに来ても安心<br>洗濯後の衣類は乾燥機を使用し、小さいモノなど干せるように室内干しを設置 |

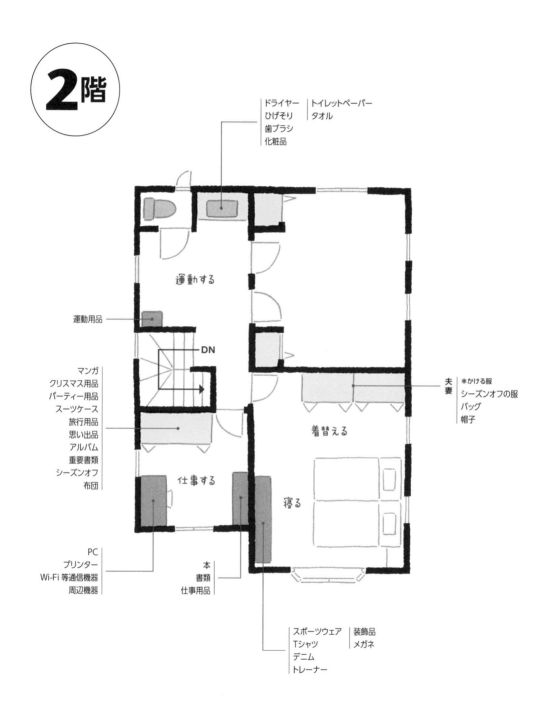

# 2階

ドライヤー | トイレットペーパー
ひげそり | タオル
歯ブラシ
化粧品

運動する

運動用品

DN

マンガ
クリスマス用品
パーティー用品
スーツケース
旅行用品
思い出品
アルバム
重要書類
シーズンオフ
布団

夫妻 | *かける服
シーズンオフの服
バッグ
帽子

着替える

寝る

仕事する

PC
プリンター
Wi-Fi等通信機器
周辺機器

本
書類
仕事用品

スポーツウェア | 装飾品
Tシャツ | メガネ
デニム
トレーナー

■新築注文住宅の「収納マップ®」

### 2階の収納計画と各部屋の使い方

| | |
|---|---|
| 書斎 | PCや周辺機器のほか、日頃使わないアルバムなど家族のモノを収納 |
| 主寝室 | 親子の寝室に使用。子どもの病気や夜泣きなど、状況によって夫は子供部屋も使用 |
| 子供部屋 | 子どもの希望を聞きながら、将来は二部屋に仕切るか考える |
| 洗面室 | 化粧や歯磨きはこの洗面室を使用。女の子二人なので、同時に並んで使えるように洗面室は広く |
| ホール | 運動用品を収納。雨の日でも気軽に体を動かせるスペースに |

## 未来　将来の収納計画と各部屋の使い方

### 10年後 ＞ 子どもたちは小学生に成長

**(1階)**

**玄関収納** | ベビーカーなどの大きなモノが不要になるので、
正面に棚を置き、増えた靴を収納

**畳スペース** | 置き畳を2階ホールに移動。リビング学習をさせたいので、
ここに机を並べて子どもたちの学習スペースに

**(2階)**

**ホール** | 置き畳を1階から移動して設置。子どもたちが遊ぶコーナーに

**子供部屋** | 二部屋に仕切り、ベッドを置き、それぞれが使えるように

**主寝室** | 夫婦の寝室として使用

### 20年後 ＞ 夫婦二人暮らし

**(1階)**

**畳スペース** | 再び置き畳を戻す
将来、孫が来た時に今と同じように昼寝や遊びに使用

**(2階)**

**子供部屋** | 夫の書斎として使用

**子供部屋** | 子どもが将来家を離れ、帰省したときに泊まる部屋として使用

**書斎** | 納戸として活用

　持ち物リストから各収納へ入れるモノをあてはめ、生活行為と動線をシミュレーションしていくことで**その時期に合わせた家の使い方**を考えることができます。

<table>
<tr><td>事<br>例</td><td>2</td></tr>
</table>

# 都内の狭小地3階建ての収納計画に役立つ「収納マップ®」づくり

## 家族構成

**夫**（33歳）公務員　趣味：読書

**妻**（34歳）会社員 企画職　趣味：カメラ

◎夫婦で共通の趣味：旅行、登山、キャンプ、アウトドア全般

## 【新居への要望】 出かける準備が楽な家

　夫婦二人とも仕事に忙しく過ごしながらも、休みになると旅行・登山・キャンプと精力的に活動しています。趣味の旅行用品などが増え、大きくかさばるアウトドアグッズの持ち出しも頻繁にするため、車が横付けできる駐車場付きの家に住みたいと注文住宅を建てることにしました。

　駐車場つきの戸建てで通勤の便のいい場所といった条件から土地を探したところ、1階をビルトインガレージにした3階建ての家を建てることに決めました。

　共働きのため家事や身支度がスムーズにできるよう、水まわりの使いやすさと収納の配置や生活動線にこだわりました。

　間取りは、将来子どもが生まれた後の生活にも対応できるようにつくり込まず、可変性を重要視しました。

　例えば、3階の7畳の部屋は後から2部屋に仕切れるようにドアを二カ所設置。収納は、今の生活に合わせるのではなく子どもも使うことを想定し、余裕を持たせてつくることにしました。

　賃貸での悩みや、今後の生活の要望をもとに、工務店に3階建てビルトインガレージの設計をお願いし、出かける時の準備や荷物の積み込みが楽な間取りを提案してもらいました。

## 今の賃貸住宅の「収納マップ®」

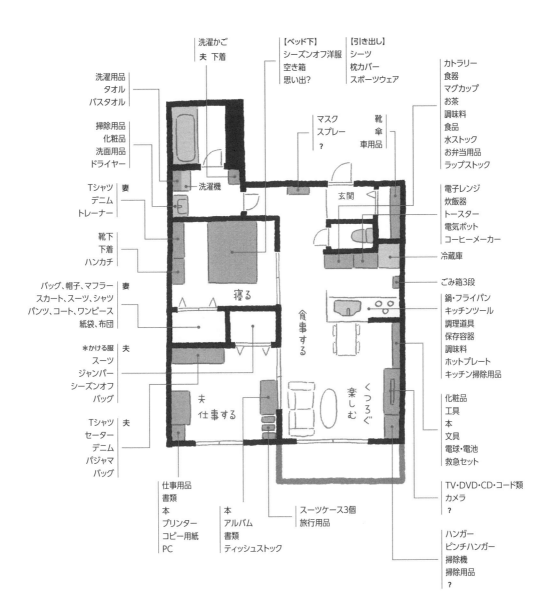

洗濯かご
夫　下着

【ベッド下】
シーズンオフ洋服
空き箱
思い出?

【引き出し】
シーツ
枕カバー
スポーツウェア

カトラリー
食器
マグカップ
お茶
調味料
食品
水ストック
お弁当用品
ラップストック

洗濯用品
タオル
バスタオル

掃除用品
化粧品
洗面用品
ドライヤー

マスク
スプレー
?

靴
傘
車用品

電子レンジ
炊飯器
トースター
電気ポット
コーヒーメーカー

Tシャツ　妻
デニム
トレーナー

洗濯機

玄関

冷蔵庫

靴下
下着
ハンカチ

ごみ箱3段

鍋・フライパン
キッチンツール
調理道具
保存容器
調味料
ホットプレート
キッチン掃除用品

バッグ、帽子、マフラー　妻
スカート、スーツ、シャツ
パンツ、コート、ワンピース
紙袋、布団

寝る

食事する

*かける服　夫
スーツ
ジャンパー
シーズンオフ
バッグ

くつろぐ
楽しむ

化粧品
工具
本
文具
電球・電池
救急セット

Tシャツ　夫
セーター
デニム
パジャマ
バッグ

夫
仕事する

TV・DVD・CD・コード類
カメラ
?

仕事用品
書類
本
プリンター
コピー用紙
PC

本
アルバム
書類
ティッシュストック

スーツケース3個
旅行用品

ハンガー
ピンチハンガー
掃除機
掃除用品
?

before はじめに提案された間取り図

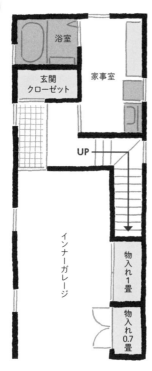

**1F**

浴室

玄関
クローゼット

家事室

UP

インナーガレージ

物入れ1畳

物入れ0.7畳

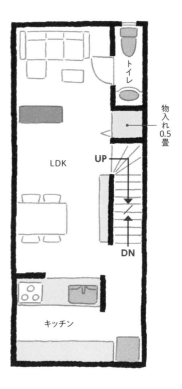

**2F**

トイレ

物入れ0.5畳

LDK

UP

DN

キッチン

## ■ 提案された間取りへの要望・変更点と気に入っているところ

**【玄関クローゼット（1F）】**
〈要望〉帰宅時に脱いだコートを3階寝室のクローゼットまで持っていくのは大変 → 〈変更〉1階のシューズクローゼットを2つに分け、片方はコートなど衣類もかけられるクローゼットにしました。枕棚はいらないので高い位置にポールをつくり、コートの下は備蓄用の水を収納するスペースにしました。

**【家事室（1F）】**
乾燥機を設置したので、脱衣のあと洗濯と乾燥まで全て終えられ、下着、部屋着、タオルはここに収納するので動線が楽です。マスクなどの小物も干すこともできます。

**【インナーガレージ（1F）】**
〈要望〉ガレージの中に自転車も置きたい → 〈変更〉車に積んで出かけるモノを入れる収納を設計してもらったけれど0.7畳あれば収まるとわかったので、自転車置き場に変更。階段下はベビーカー、ごみ箱なども置ける収納に。

**【トイレ（2F）】**
〈要望〉トイレのドアがリビング側に開くのが気になる → 〈変更〉トイレと洗面室の入口は下がり壁とし、トイレのドアの向きを変更。

**【洗面室（2F）】**
〈要望〉歯磨きや、来客時の手洗い場所が欲しい → 〈変更〉小さな洗面所を設置。

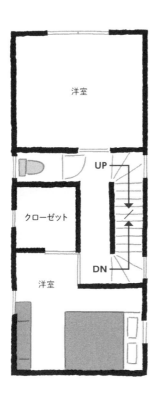

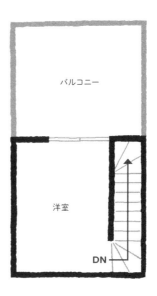

**【壁面収納（2F）】**

〈要望〉収納マップによると、2階に収納するモノの量は、階段横の収納がなくても十分収まる → 〈変更〉階段横の収納をなくす → 通路幅が広がったので伸縮性のテーブルを置き、人数が増えた時にはテーブルを広げて大勢で座ることができるようにしました。

**【子供部屋（3F）】**

〈要望〉子どもが二人生まれたとして、同性同士なら部屋は一つのままでも良いけれど、異性なら将来的に間仕切りで分けられる個室が必要になるかもしれないし、このまま夫婦二人なら、部屋数はそれほどいらないなど、今の段階ではどの形がいいのか決められない。→ 〈変更〉吹き

抜けにしたことで、場合によってはロフトの設置を可能に。当面は、夫の仕事に関する資格勉強の部屋として使用。

**【バルコニー】**

〈要望〉荷物のある小屋裏を抜けてまでバルコニーに出入りしないと判断 → 〈変更〉バルコニーをなくし、3階洋室部分を吹き抜けに変更しました。

# After 変更した間取り図の「収納マップ®」

**1F**

① 靴
　傘
　靴磨きセット
　外出用小物

② コート
　水ストック
　マスク・エコバッグ

③ パジャマ・下着
　部屋着
　ルームソックス
　タオル
　アイロン
　アイロン台

④ ドライヤー
　洗面用品
　体重計
　化粧品
　入浴用品ストック
　掃除用品

⑤ 【階段下収納】
　ごみ箱
　ベビーカー（将来）

⑥ バーベキューセット
　キャンプ用品
　イス
　テーブル
　空気入れ

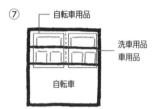

⑦ 自転車用品
　洗車用品
　車用品
　自転車

---

① Wi-Fi 通信機器
　妻｜PC
　　｜カメラ・コード類
　　｜ボディケア（ネイル等）
　TV
　書類ファイルBOX4個
　本
　工具箱
　電池・電球
　衛生用品
　救急セット
　文具
　掃除機

② 伸長式テーブル

③ 鍋・フライパン
　油・調味料

④ 食洗機

⑤ 調理器具
　ざる
　ボウル
　ホットプレート
　キッチン掃除用品
　ごみ袋

⑥ 【吊戸棚】
　ラップストック
　食品保存容器
　土鍋・カセットコンロ
　【下段】
　常温食品
　お茶・お菓子
　飲料ストック

⑦ 食器
　グラス
　カトラリー

⑧ 家電
　電子レンジ
　トースター
　コーヒーメーカー
　電気ポット
　炊飯器
　ごみ箱3個
　※紙ごみは1Fへ
　リネン類
　エコバッグ

⑨ デンタルケア
　タオル
　夫 洗面用品

**2F**

**小屋裏**

① 旅行用品、スーツケース3個、
扇風機、クリスマス用品、
来客用寝具一式、シーズンオフの布団、
思い出品、テント・寝袋、
リュック、紙袋・箱、
災害用品

② 本・アルバム、書類

③ ストック品
ティッシュ
トイレットペーパー
キッチンペーパー

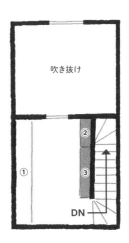

**3F**

① 【棚】
仕事用品
書類・本・教材
プリンター
コピー用紙
PC

② 夫　勉強机 → 将来は寝室へ

③ 【枕棚】
バッグ
帽子
シーズンオフの服

④ 妻　【引き出し6段】*たたむ服
ブラウス
トレーナー
セーター
カーディガン
スポーツウェア
【ハンガー】*かける服
ジャケット
ワンピース
コート

⑤ *かける服
スーツ
ネクタイ
ワイシャツ
ジャンパー

⑥ 夫｜靴下
妻｜ハンカチ
　　外出用のTシャツ
　　デニム
　　トレーナー
　　セーター
　　アクセサリー
　　時計

⑦ 【ベッド下】
シーツ
枕カバー替
夫｜スポーツウェア
　　スポーツ用品小物

　提案された間取りを見ながら具体的にどこに何を入れたいか書き込むことで、収納が多めに必要な場所と収納を減らしても大丈夫な場所がわかりました。

　家の中の動きが平面から縦に変わるため、**どこで何をするかを考えたうえでの収納計画がとても大切**と感じました。

## 事例 3 シニア世代のマンション買い替え・サイズダウンでリノベーションの「収納マップ®」づくり

### 家族構成

**夫**（65歳）会社員 年金受給　趣味：ゴルフ

**妻**（59歳）パート　趣味：食べ歩き、スポーツクラブ

◎夫婦で共通の趣味：散歩、映画、子ども二人は成人し独立 孫が二人

## 【リノベーションへの要望】 二人の生活にちょうどいい家

　夫が定年を迎えたことで働き方や生活が変わり時間に余裕ができたので、32年住んだ「家の見直し」をすることにしました。

　老朽化した水まわりと、子どもが独立して使わなくなった部屋の間取りの使い勝手がよくないので、間取りを変更するリフォームを検討しましたが、よく考えると夫婦二人では93㎡の広さを持て余すうえ、広い分維持費もかかることから、小さな中古マンションを買い替え、そこを使いやすくリノベーションすることにしました。

　新居は、車を使わなくても買い物ができる便利な立地と、働きながら子育てをしている娘の手伝いに気軽に行かれる距離を第一条件に、60〜65㎡ほどのマンションを探しました。同時に、新居のリノベーションに向けて「収納マップ®」をつくることにしました。

　子どもが独立して、住んでいる人数は減りましたが、収納の中は今もモノがあふれています。引っ越しにむけてモノをどのくらい減らせばいいのか、収納をどのくらいつくってもらえばいいのかわかりません。

　そこで、夫婦二人の生活に必要なモノと数を考えながら、「収納マップ®」の持ち物リストに書き込んでいき、その表をもとに使うモノを選びながら整理しました。夫が今まで着ていたスーツは、これからの働き方を想定して大幅に数を絞りました。

　タオルやビニール傘は、収納場所から出してみると「こんなに持っていたの」と驚くほど溜まっていました。

今の家の「収納マップ®」を書いてみると、子どもの置いていったモノ、何年も使っていないモノや何が入っているのかわからない収納があることに気づいたので、家から出た子どもたちに声をかけ、自分のモノの要・不要を判断してもらって整理をしました。

## 今の家の「収納マップ®」

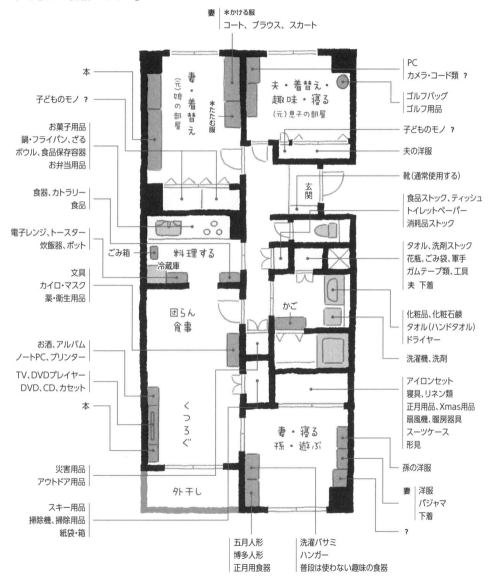

妻｜＊かける服｜コート、ブラウス、スカート

本

子どものモノ？

お菓子用品
鍋・フライパン、ざる
ボウル、食品保存容器
お弁当用品

食器、カトラリー
食品

電子レンジ、トースター
炊飯器、ポット

文具
カイロ・マスク
薬・衛生用品

ごみ箱

お酒、アルバム
ノートPC、プリンター

TV、DVDプレイヤー
DVD、CD、カセット

本

災害用品
アウトドア用品

スキー用品
掃除機、掃除用品
紙袋・箱

妻（元娘）の部屋　妻・着替え　＊たたむ服

夫・着替え・趣味・寝る（元）息子の部屋

PC
カメラ・コード類？

ゴルフバッグ
ゴルフ用品

子どものモノ？

夫の洋服

靴（通常使用する）

食品ストック、ティッシュ
トイレットペーパー
消耗品ストック

タオル、洗剤ストック
花瓶、ごみ袋、軍手
ガムテープ類、工具

夫　下着

化粧品、化粧石鹸
タオル（ハンドタオル）
ドライヤー

洗濯機、洗剤

アイロンセット
寝具、リネン類
正月用品、Xmas用品
扇風機、暖房器具
スーツケース
形見

孫の洋服

妻｜洋服｜パジャマ｜下着

？

玄関

料理する　冷蔵庫

団らん　食事

くつろぐ

外干し

かご

妻・寝る・孫・遊ぶ

五月人形
博多人形
正月用食器

洗濯バサミ
ハンガー
普段は使わない趣味の食器

# 提案されたプランの収納の確認を

　新たに購入した築20年のマンションは細かく仕切られた間取りだったので、寝室と広いリビングの1LDKにリノベーションしたいと要望しました。

　どちらかが体調を崩した時に別々に過ごすことも考え、リビングを仕切ればそこでも寝られるように要望しました。

　提案されたプランは希望通りの間取りでしたが、「収納マップ®」をつくり、持っているモノを収納場所へ書き込んでみると、提案された間取りでは収納が足りないことがわかりました。

　そこでリビングは多少狭くなりますが、納戸をつくってもらうことにしました。そのおかげで全てのモノの置き場所が決まり、安心して引っ越しできる間取りが完成しました。

　リビングには、テレビの前の椅子を動かせば布団が敷けるスペースを確保し、広々とした空間の快適さを優先させ、仕切りはつくりませんでした。

　また、洗濯物は外干しが好きで基本的にバルコニーに干すので、ピンチハンガー等の洗濯干し用品はバルコニーに収納ボックスを置き、そこへ収納することにしました。

**■ リノベーション前の間取り図**

**■ 提案されたリノベーションプラン**

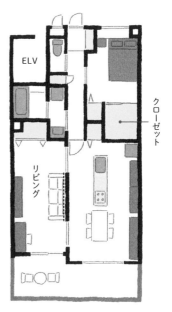

洗面・脱衣室には収納スペースがとれなかったので、脱衣室を出た廊下に物入れをつくり洗面所で使うバスタオルやキッチンのストック品などはそこに収納します。

納戸には、手前によく使う掃除機やゴルフバッグを入れ、奥には思い出品や形見などあまり使わないけれど処分できないモノを置いておきます。

家中の戸を全て引き戸にしたので、トイレ以外はすべて開けたまま広々と生活できるところが気に入っています。年々ドアの開け閉めが大変になるので、バリアフリーになったことにも満足しています。

リノベーションの打ち合わせで、あらかじめ収納したいモノと量を伝えられたので、よく見かける一般的なファミリー向けの間取りではなく、**自分たちの暮らしに合わせたちょうどいい間取りが完成**しました。

## 決定した間取り図での「収納マップ®」

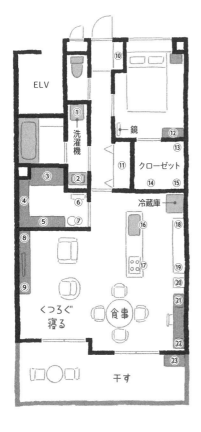

① 脱衣かご
　洗剤
　洗濯ネット

② 洗面用品
　ドライヤー
　体重計
　タオル

③ スーツケース
　来客用寝具1組
　シーズンオフ布団
　家電
　リネン類
　Xmas用品
　正月用品

④ アルバム
　思い出品
　形見

⑤ ゴルフ用品
　アイロンセット
　紙袋・箱
　災害用品
　水ストック
　DIY工具
　脚立
　折り畳みイス2脚

⑥ ハンディ掃除機

⑦ ゴルフバック

⑧ カメラ・コード類

⑨ ボディケア
　音楽用品
　孫のおもちゃ
　飾り物
　アロマ

⑩ 靴
　傘
　スリッパ
　マスク・鍵
　外出用メンテナンス品

⑪ ティッシュ
　トイレットペーパー
　マスク
　ビール
　お酒
　バスタオル
　入浴用品ストック
　掃除用品
　バスマット
　お風呂セット
　花瓶

⑫ 下着・靴下
　パジャマ
　ハンカチ
　ティッシュ
　アクセサリー
　メガネ
　時計

⑬ 夫　洋服(仕事用)
　＊かける服
　コート、スーツ、ネクタイ、
　ワイシャツ、フォーマル

⑭ 妻　洋服
　＊かける服
　コート、ブラウス
　スカート
　＊たたむ服
　セーター、Tシャツ
　デニム、トレーナー
　小物

⑮ 夫　洋服(普段着)
　夫　【枕棚】
　妻　バッグ
　　　シーズンオフ品

⑯ ざる、ボウル、食品保存容器、
　キッチンツール、洗剤、ごみ袋

⑰ フライパン・鍋、調味料

⑱ 食器、カトラリー、リネン

⑲ ごみ箱3個、トースター
　電子レンジ、ポット、
　コーヒーメーカー、食品、炊飯器

⑳ ウォーターサーバー

㉑ Wi-Fi通信機器

㉒ ノートPC2台、プリンター、
　コピー用紙、本、文具・書類、
　衛生用品、荷造り品セット

㉓ ハンガー
　ピンチハンガー
　洗濯バサミ
　ガーデニング用品

# モノが減る ＝ 収納場所も減らせる高断熱住宅

高断熱住宅というと、暑くもなく寒くもならない一年中快適な温湿度環境が注目されがちですが、実はモノを減らすことにも繋がることはご存知でしょうか。

　住まいが一年を通してどの部屋も均一に快適な温度になるので、冬用の厚い布団やかさばる部屋着が減ります。また、補助的に使用している各部屋で使うファンヒーターや扇風機などの冷暖房器具も不要になるのです。

　例えば4人家族なら、冬用の厚い布団4枚、毛布、冬用の部屋着4人分、ストーブやコタツ、ホットカーペット、扇風機など、量にして考えると1〜2畳の収納スペース分のモノが減ると想定できます。

　家づくりでは坪単価で金額を考えますが、（収納として）使われない面積が一坪もあれば、予算をいくら削れるでしょう。

　快適な生活が手に入るけれど建築コスト（初期費用）は高くなると言われる高断熱住宅ですが、その分、年間の光熱費や寒暖差による体調不良を起こさず健康にいられることから医療費の節約にもつながるという大きなメリットがあります。それだけでなく、モノが減らせるので余分に収納をつくらなくても済むというメリットも加点できます。

　さらに、住宅収納スペシャリストの立場で言わせていただくと、"モノが減る＝片付け・管理の手間もなくなる"ので、家事楽に繋がって一石三鳥にも四鳥にもなりますよ。

第5章

# さらに極めたい人の
# お役立ち情報

## ポイント 1 収納の中の「収納マップ®」

　新居の「収納マップ®」を使って家全体の収納計画が完成したら、次はクローゼット、棚、引き出しなど収納の中のモノも書いてみましょう。

　上手に書けなくても、自分や家族がわかれば大丈夫。収納の中のモノを書くと手持ちの収納ケースや棚の配置、追加で購入するモノが具体的にわかってきます。収納は、一緒に使うモノ、同じグループのモノでまとめるので、グループになっている持ち物リストを参考にします。

## 棚収納の中の「収納マップ®」

　定位置を決めるときは、日常生活でよく使うものを使う人の身長に合わせて、出し入れしやすい肩から腰位の位置に収納します。

　時々使う重いモノは腰より下の低い位置、軽いモノは目線より上に。めったに使わない軽いモノは、踏み台を使うような高いところに収納します。

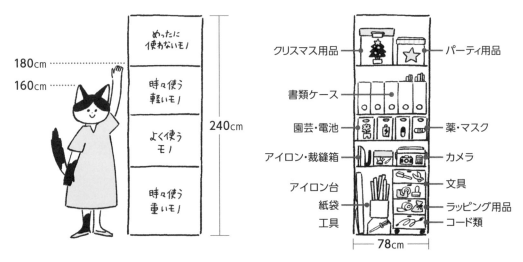

## 引き出し収納の中の「収納マップ®」

　引き出しの位置は目線より高いと中が見えず、胸より高いと使いにくいのでおすすめしません。また、押入れ用の引き出しは奥行きがあるので、手前によく使うモノ、奥にストック品やシーズンオフのモノと前後に分けて使います。

# クローゼットの中の「収納マップ®」

丈の長い洋服やクローゼットに入れたい収納ケースの高さを測ってサイズを記入します。

洋服の量も、今のクローゼットにかけた洋服幅がどれくらいあるのか確認しましょう。

新居のクローゼットに収まらない洋服幅は、収納量が合わないということです。

クローゼットの枕棚の高さは、そこへ収納したいモノ、ポールにかける洋服丈、洋服の下に置きたいモノによります。高さを指定したい場合は、設計士に伝えましょう。

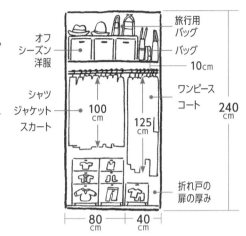

# 押入れ・奥行きが深い「収納マップ®」

押入れは奥行きが80cm程あるため、布団以外のモノを入れるには奥行きが深すぎます。押入れ以外でも、奥行きが深いタイプの場合は、スペースを前後に分けて使いやすく計画しましょう。

奥のスペースへ使用頻度の低いモノを収納し、手前には日常よく使うモノをキャスター付きの収納用品やカゴなどを移動させやすい状態で置きます。手前に長い掃除機をいれるのも良いでしょう。

奥に35~40cmの棚を入れて壁面までしっかり活用するのがおすすめです。

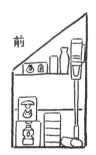

電池・電球
水ストック
ティッシュボックス
ペットシーツ など

花瓶
ペット用品・掃除用品
水ストック
掃除機部品・工具 など

# 階段下収納

奥行きがあって高さがない階段下収納は、押入れ収納と同じように前後に分けて考えます。

形状や間取りにもよりますが、扉をつけずに部屋の一部としてオープンにして市販の棚を置く、家事コーナー、ペットサークル置き場として活用する方法もあります。

## サイズを測るときの注意点

モノのサイズには、内寸（内側のサイズ）と、外寸（外側のサイズ）があります。

キッチンラックに電子レンジを入れたい時は、ラックの内寸と電子レンジの外寸を調べます。ラックの外寸に合わせると、電子レンジが入らないこともあるので注意しましょう。

また、収納の開口有効寸法にも注意が必要です。クローゼットに引き出しケースを入れる場合、扉を開けた状態で開口幅を測ります。この時、壁に寄せた収納の引き出しがクローゼットの扉の厚みに引っかからないようにします。

**サイズ表示**
**W**(width)：**幅**
**D**(depth)：**奥行き**
**H**(height)：**高さ**

## カゴ・収納ケースを上手に活用

同じ種類や一緒に使うモノはカゴやケースにまとめて収納します。100円均一や各メーカーから様々なサイズが出ているので、入れたいモノとスペースから最適なサイズを選びます。真四角の形が収まりやすく、同じシリーズの商品で統一すると整います。

カゴの大きさを考える時、レトルトの麻婆豆腐の箱（W13×H16.5cm）や、カレールーの箱（W10×H20cm）など馴染みのあるサイズを覚えておくと便利です。

## 高い位置への収納

キッチンの吊戸棚は、棚の中に収納ユニットをつけると高い位置でも片手で引き出せ便利です。側面に指で引っかけられるような取っ手があると高い位置の収納ケースでも取り出しやすくおすすめです。クローゼットや押入れの枕棚に置く収納ケースは、綿や不織布といった軽い素材の商品を選びます。

## ダイニングテーブルのサイズ

人が食事する時に必要なスペースは幅60cm・奥行き40cmと言われています。向かい合って座る場合、テーブルの奥行きは80〜90cm必要です。ゆったり座って食事をしたい場合は、4人掛けテーブルで幅135cm以上あるとよいでしょう。

## 収納参考サイズ一覧表（単位：cm）

| 家具・収納用品 | | サイズ／使用目的等 | | W | D | H |
|---|---|---|---|---|---|---|
| 収納ケース | 100円均一商品 | 幅13cmタイプ | 外寸 | 13 | 28.7 | 11.5 |
| | | | 内寸 | 10.6 | 24.8 | 11.2 |
| | | 幅16.5cmタイプ | 外寸 | 16.5 | 28.7 | 11.5 |
| | | | 内寸 | 14.1 | 24.8 | 11.2 |
| | | 幅21.5cmタイプ | 外寸 | 21.5 | 28.7 | 11.5 |
| | | | 内寸 | 19.1 | 24.8 | 11.2 |
| | カラーボックスに収納用 | 収納ケース | | 38.9 | 26.6 | 23.6 |
| | | 高さハーフ | | 38.9 | 26.6 | 12 |
| | | 幅ハーフ | | 19.2 | 26.6 | 23.6 |
| | 洋服用引き出しタイプ | クローゼット用 | | 30〜44 | 53〜55 | ※1 |
| | | 押入れ用 | | 30〜44 | 70〜74 | ※1 |
| | 吊戸棚等の高所用 | 吊戸棚用 | | 18 | 30.1 | 22.2 |
| | 枕棚へのシーズンオフ用品 | 洋服用布製 | | 37 | 26 | 26 |
| | | 洋服用不織布 | | 52 | 40 | 22 |
| | | 寝具用不織布 | | 65 | 45 | 30 |
| | 書類用 ※2 | ファイルボックス | | 10〜15 | 27.6 | 31.8 |
| | | スタンダード | | | 32 | 24 |
| | | ハーフサイズ | | | 32 | 12 |
| 家具 | カラーボックス | 2段タイプ | | 41.9 | 29.8 | 60 |
| | | 3段タイプ | | | | 87.8 |
| | | 4段タイプ | | | | 120 |
| | 机 | ノートPC用 | | 60 | 40 | 適宜 |
| | | デスクトップPC用 | | 100〜160 | 60〜80 | |
| | | 学習机 | | | 60〜70 | |
| | ソファー | 1人掛け | | 80〜90 | 75〜90 | 適宜 |
| | | 2〜2.5人掛け | | 160〜180 | | |
| | | 3人掛け | | 180〜240 | | |
| | ベッド | シングルベッド | | 100 | 195 | 適宜 |
| | | セミダブル | | 120 | | |
| | | ダブル | | 140 | | |
| | | クイーン | | 160 | | |
| | | キング | | 180 | | |
| 布団 | | 敷布団 | | 100 | 210 | 適宜 |
| | | 敷布団を畳んだサイズ | | 100 | 66〜68 | |

※メーカーによってサイズは異なることがあります。
※1 引き出しの深さは次ページ「ポイント3 棚や収納家具の選び方」を参照。
※2 参考：A4クリアファイルのサイズはW22×H31cm。書類用のほか、日用品の収納にも便利。

# ポイント 3 棚や収納家具の選び方

棚や収納家具を買うときのポイントをまとめました。使いやすさを前提にポイントをしぼって丁寧に選びましょう。

## 1 収納したいモノと量

持ち物リストで収納したいモノが決まったら、整理して必要な量を決めます。必ず何がどのくらいあるか確認したうえで量と形が収まる最適なサイズの棚や収納家具を探します。

## 2 置き場所

使いたいところの近くで動線の邪魔にならず、窓にかからない壁を探します。日焼けが気になる家具やモノは、直射日光があたらない場所を選ぶことも大切です。

## 3 棚と引き出し収納、どちらにする？

棚と引き出しのどちらが出し入れしやすく、インテリア的にまとまりのある空間になるか考えます。どちらも重いモノを収納する時は、何kgまで収納できるか「耐荷重」に注意し、歪みに気をつけましょう。

# 棚選びのポイント

正面から見て何が入っているのかひと目でわかるように、モノに合わせた棚の奥行きが大切です。奥にあるモノは取り出すのが面倒だと使わなくなります。

### ■ モノの奥行き参考サイズ

| 奥 行 | 収納するモノ |
|---|---|
| 15cm | 文庫本・コミック・CD・トイレットペーパー・調味料・化粧品 |
| 20〜25cm | A4ファイル・本・雑誌・食材 |
| 30〜35cm | 靴・書類・100均カゴ・ファイルケース |
| 40〜45cm | 衣類・食器・調理器具・着物・バッグ |
| 75〜80cm | 寝具 |

### 可動棚と固定棚

棚の高さを調節できる可動棚は、モノに合わせられるのでムダなく空間を活用できます。棚が固定されたタイプは、収納したいモノが入らない、モノの上に空間ができるな

ど使い勝手が悪いと感じることがあります。棚板を置くダボ間隔が細かいタイプや、棚を追加購入できる商品が便利です。

### 扉ありと扉ナシ

オープンタイプの棚は「扉を開ける」ひと手間がないので、よく使うモノにはとても便利。スッキリ見せたい人、ホコリが気になる人には、扉付きがおすすめです。ラック棚はいろいろなタイプが揃っているので、納戸やウォークインクローゼットに入れて機能的に使うことができます。

# 引き出し選びのポイント

タンス・チェストはデザインから選びがちですが、引き出しの高さも大切です。上から見て何が入っているのかわかるように、また出し入れの時入れたモノが引っかからないように選びましょう。

**引き出しの高さ別おすすめ収納**

| 高さ | おススメ収納 |
| --- | --- |
| 18cm | 薄型の引出し・Tシャツ・下着・靴下 など |
| 24cm | ジーパン・セーター・トレーナー など |
| 30〜35cm | フリース・ニットなどの厚手の洋服・バスタオル・ジャンパー |

### レール・スライド付き引き出し

スライド付きは、力を入れなくても引き出せるのでおすすめです。引き出しの滑りが悪くスムーズに開かなくなることを防げます。

## 4 ずっと使う？

家具はほぼ壊れることがないため、一生モノとして長く使うことができます。どのくらいの期間使うか、使わなくなった時にどうするか想像しましょう。

高価なものでも、こだわりを持ってお気に入りを探すと、インテリアとしても楽しめ、長く使うことでコストパフォーマンスも良くなります。また、シリーズとして続いている定番デザインなら買い足すこともできます。

ベビーベッドや学習机など子ども用の家具は、成長に伴い使う場所が変わるので、移動の手軽さや、使用期間が過ぎた後も想定して、汎用性のある家具を選ぶのが良いでしょう。

# はれやか収納を維持するために

**夫**婦二人の生活は、モノが多くても二人分の荷物なので時々片付けていれば何とかなるし、置き場所があやふやでも、探せば大抵のものは見つかります。

　ところが、子どもが生まれると人間一人ぶんの持ち物が増えるだけではなく、お付き合いも広がるだけでなく、保育園や学校から毎日大量のモノが持ち込まれます。さらに部活や習いごとを始めれば、そこから指定されたウェアや必需品を購入しなくてはならないので、子育て中は気をつけていても相当数のモノが増えることは仕方のないことです。

　ここで悩ましいのが子どもに関する思い出品です。お絵かきした紙や小さくなっていく服も、すべてが子どもの日々の成長の記録なので、二度と手に入らないその時だけの大切なモノと思うと、どれも手放し難いですよね。

　私も子どもが描いた絵やノートなど、大切にとっておいた時期がありましたが、写真に撮って残そうと気持ちを切り替え手放しました。

　子どもの作品やモノは増えやすいので、日常生活に支障のでない量を決めて、スペースをつくり収納しましょう。

　はれやかに暮らすためには、意図せず次々と持ち込まれてくるモノたちにも置き場所を決めていく必要がありますので、家を建てる時の収納は子育て期間をマックスの量と考え、まだその時期になっていない人は余裕をもって考えておくと頑張らなくても片付く家が完成しますよ。

# あとがき

も う何年も前のこと。中古マンションをリフォームして新婚生活を始め
ました。

新しい生活に必要だと思ったモノを書き出し、どの部屋で何をするのか、
家具には何を入れるのか、間取り図を見ながら考えるだけでわくわくしまし
た。普段は不精なほうだったのに、理想の暮らしを想像しながら、家具や家
電のサイズを細かく測って、置き場所を間取り図に書き込み、収納の中へ入
れるモノを決めて大工さんに工事の依頼をするのは、ちっとも面倒くさいと
思いませんでした。

その後も家が変わるたびに、モノを書き出しながら間取り図を眺めるとい
うことを当たり前のようにやっていました。

*

子育てが落ち着いたところで、整理収納アドバイザーとして整理収納のコ
ンサルティングをする仕事を始めました。

整理収納アドバイザーの仕事は、お客様の家に伺い、家中の収納の中がど
う使われているのか見せていただきながら、住む人の暮らしに合わせて収納
をつくり変えていきます。

収納好きの私にとって天職と思える楽しい仕事でしたが、収納のプロでも
どう使ったら良いか悩む収納や片付けにくい間取りと出合うことがよくあり
ました。また、リフォームや家を建てたばかりなのに収納に悩んでいると依
頼されると、なぜそうなってしまうのだろう？と釈然としない思いがありま
した。

その頃、住宅業従事者に向けて整理収納アドバイザーの資格講座をする機会があり、家づくりのプロでも収納に詳しくない人、片付けが苦手な人がいることを知りました。

家を依頼する側も、建てる側も収納が苦手な人同士なら、使い勝手のいい収納を考える機会がないまま家が完成してしまいます。

これこそが、「住んでから後悔したこと」のアンケート上位にいつも収納が入ってしまう理由だと気づきました。

この経験をもとに、住宅収納のプロを輩出しようと、整理収納アドバイザーの仲間4名と2016年に「住宅収納スペシャリスト」の講座を立ち上げました。講師たちはみな、「日本の住宅収納を使いやすく変えたい」との思いで集まったメンバーです。

今では「住宅収納スペシャリスト」として、新築やリフォームをする人に簡易的な「収納マップ®」を使ったコンサルティングをしています。持ち物を間取り図にあてはめると、その家で暮らすイメージができ、収納の使い方がわかると喜んでいただけます。

でも、私が家づくりで行ってきたように、やり方さえわかれば誰でも自分でできることなのです。その家で暮らすことになる本人が持ち物と動線を把握したうえで間取りの提案をしてもらい、「収納マップ®」で確認する方がスムーズです。

そこで、自分で「収納マップ®」を作成できる方法を本にしたいと考えたのですが…

持ち物が整理できず、引き出しやカゴの中に何が入っているのかわからない人もいることを考えると、誰もが気軽につくれるようにまとめるのは難し

いことでした。

　そこで、住宅収納スペシャリストの講師の中で書籍制作プロジェクトをつくり、里舘友子さん、日浦弘子さん、伊藤美佳代さん、中島麻樹さんに協力してもらい持ち物リストを練りました。事務局長の福永恵さんには、プロジェクトのサポートをしてもらい実現した本です。

　本の著者は私一人の名前になっていますが、「収納マップ®」のモニターになってくれた方々、コンサルティングの依頼をくださった方、整理収納の知識を教えてくれた先生と多くの方に関わっていただき完成した本です。

　本の出版を快く引き受けてくださった新建新聞社の三浦社長、わかりやすい本にしようと工夫してくださった編集の花岡さん、宮島さんにも心から感謝申し上げます。

　持ち物リストをチェックして、間取り図に書き込むのは面倒と思うかもしれませんが、無理せず楽しく書けるやり方で構いません。

　一通りやってみてください。

　書き方に細かいルールや決まりごともありません。

　新居を毎日の片付けが楽になる家にするためと思って、少しだけ頑張って！「収納マップ®」をみなさまの家づくりに役立てていただけたら嬉しいです。

　大満足の心地よい家が完成するよう、そして日々が"はれやか"に暮らせるよう、心からお祈りしています。

川島マリ

著者 **川島マリ**

1964年生まれ。NPOハウスキーピング協会認定の資格
講座「住宅収納スペシャリスト」を発案し制作。2009年に
整理収納アドバイザーの資格を取得後、片付けサービ
ス、セミナー講師、事業サポート、資格運営事務局など整
理収納に関する様々な仕事に携わる。平日は東京の実家
で母と、週末は横浜の自宅で夫と過ごす2拠点生活。整
理の前に「どんな暮らしをしたいのか」といった大きな
テーマから、自分に合わせた部屋の使い方、収納、収めたいモノについて考えるこ
とを提案する。趣味はヨガ、旅行、部屋の片付けと模様替え。

イラスト： 坂本奈緒

デザイン： 星 光信（Xing Design）

## はれやか 収納マップ®

2021年10月20日　初版第一刷発行

| | | |
|---|---|---|
| 著　　者 | 川島マリ | |
| 発 行 者 | 三浦祐成 | |
| 発　　行 | 株式会社 新建新聞社 | |
| | 東京本社：東京都千代田区麹町2-3-3 FDC麹町ビル7階　Tel.03-3556-5525 | |
| | 長野本社：長野県長野市南県町686-8　Tel.026-234-4124 | |
| 印刷・製本 | 図書印刷株式会社 | |